W0094848

H. P. Karr
Ratekrimis zum Selberlösen

H. P. Karr

Ratekrimis zum Selberlösen

40 x dem Täter auf der Spur

MOEWIG

© by Verlagsunion Pabel Moewig KG, Rastatt
Alle Rechte vorbehalten
Umschlagfoto: IFA-Bilderteam
Printed in Germany
ISBN 3-8118-1649-7

Inhaltsverzeichnis

1

Sein letzter Brief

 In dem Studierzimmer herrscht eine ruhige, weltentrückte Atmosphäre, die nicht ohne Wirkung auf die Beamten der Mordkommission bleibt. Jedenfalls registriert Kommissarin Marlene Kemper, dass die Spurensicherer und die Angestellten der Gerichtsmedizin schweigsamer als üblich ihre Arbeit verrichten. Für einen Moment lässt Marlene ihren Blick über die bis an die Decke reichenden Bücherregale und die historischen Kupferstiche gleiten, mit denen Lothar Brandt die Wände seines Arbeitszimmers verziert hat. Es ist ein Zimmer, wie Marlene es von ihrem Onkel kennt, bei dem sie aufgewachsen ist. Er ist einer der bekanntesten Anwälte in der

Stadt, und Marlene ist ihm heute immer noch dankbar dafür, dass er es ihr damals nach der Schule ermöglicht hat, zur Kriminalpolizei zu gehen. Das ist jetzt mehr als zehn Jahre her. Inzwischen hat Marlene es bis zur Leiterin der Mordkommission gebracht. Sie schiebt sich ein Pfefferminzbonbon in den Mund und widmet sich wieder dem Fall, den sie zu lösen hat.

Der Tote liegt mit dem Oberkörper auf der Platte seines wertvollen viktorianischen Schreibtisches. Lothar Brandt ist seit mehr als vier Stunden tot, wie der Gerichtsmediziner eben festgestellt hat. Auf einem Beistelltisch links von dem Toten stehen eine geschliffene Wasserkaraffe und ein leeres, benutztes Glas. Neben dem Glas liegt ein leeres Medizinfläschchen.

„Blausäure", diagnostiziert der Gerichtsarzt. „Er muss den Inhalt des ganzen Fläschchens auf einmal eingenommen haben. Danach ist sofort der Tod eingetreten."

Selbstmord, so scheint es. Lothar Brandt, der bekannte Historiker, dessen Bücher Millionenauflagen erzielten, hat sich das Leben genommen.

Marlene mustert die gediegene, mit viel Sorgfalt zusammengestellte Einrichtung des Studierzimmers und fragt sich, warum ein Mann, der so viel Zeit und Mühe in die Gestaltung dieses Zimmers und seines ganzen Hauses gesteckt hat, seinem Leben jetzt einfach selbst ein Ende gesetzt haben soll?

Lothar Brandt ist vor einer Stunde von seinem Neffen Werner gefunden worden. Werner hat seinen Onkel besuchen wollen und ist, als dieser nicht öffnete, ums Haus herumgegangen. Durch das Fenster des Arbeitszimmers hat er Lothar Brandt zusammengesunken am Schreibtisch entdeckt und dann die Scheibe der Terrassentür eingeschlagen, um ins Haus zu kommen und einen Notarzt anzurufen. Der ist zehn Minuten darauf eingetroffen und hat, wie bei Selbstmorden üblich, die Polizei verständigt.

„Vorsicht bitte!" Beamte der Spurensicherung richten den Toten auf. Dabei kommt ein angefangener Brief zum Vorschein, den Brandt mit seinem Oberkörper verdeckt hat. Auch ein Kolbenfüllfederhalter wird sichtbar, der links neben dem Brief in der Nähe von Brandts Hand liegt. Der Tatortfotograf macht rasch ein paar Aufnahmen, ehe Marlene Kemper sich über den Brief beugt.

Der Brief ist mit roter Tinte geschrieben: „Den Tod selbst zu wählen scheint mir die einzige Mögli...", liest die Kommissarin. Die Schrift bricht mitten im Wort ab und verfließt zu einer unsicheren Wellenlinie. Marlene Kemper wartet, bis ein Spurensicherer die Fingerabdrücke von dem Füllfederhalter abgenommen hat. Dann streift sie sich ihre dünnen Gummihandschuhe über, schraubt den Füller auf und schreibt damit ein paar Worte in ihr Notizbuch. Die rote Tinte ist identisch mit der des Briefes. Auch Federform und Strichstärke stimmen überein.

„Er scheint Linkshänder gewesen zu sein", bemerkt einer der Spurensicherer und deutet auf die Armbanduhr, die Brandt am rechten Handgelenk trägt.

„Chefin!" Marlene Kempers Assistent Nils Krüger kommt von der Befragung der Nachbarn zurück. Er klappt sein Notizbuch auf. „Interessante Neuigkeiten. Brandts Neffe Werner wurde heute schon einmal gegen 13 Uhr hier gesehen, also zu dem Zeitpunkt, als Brandt starb. Gegen 16 Uhr tauchte er ja wieder auf, wie wir wissen. Die Nachbarn sahen jedes Mal Werners Wagen in der Einfahrt zum Grundstück stehen. Werner profitiert übrigens vom Tod seines Onkels — Brandt hat keine leiblichen Kinder und machte deshalb Werner zu seinem Erben."

„Gute Arbeit!" Marlene Kemper geht hinaus in den Vorraum, wo Werner Brandt darauf wartet, seine Aussage zu Protokoll zu geben. „Sie waren gegen 13 Uhr schon einmal hier?"

Werner bleibt ruhig. „Ja", sagt er zögernd. „Ich habe geklingelt, aber niemand machte auf. Also ging ich wieder."

„Zu dieser Zeit starb Ihr Onkel", wirft Krüger ein.

Werner schluckt. „War es Selbstmord?", fragt er. „Ich habe mir in letzter Zeit Sorgen um Onkel Lothar gemacht. Er wirkte depressiv, hatte kaum noch Freude am Leben. Ich hatte mir vorgenommen, mich etwas mehr um ihn zu kümmern. Doch dass er so labil war, dass er sich das Leben nehmen wollte, das habe ich nicht geahnt."

„Ihr Onkel hat sich nicht das Leben genommen", meint Kommissarin Marlene Kemper. „Der Selbstmord ist vorgetäuscht, Werner. Lothar Brandt wurde vergiftet. Dann hat der Täter den Abschiedsbrief gefälscht, damit es so aussah, als sei er beim Schreiben gestorben. Nur hat der Mörder dabei einen gravierenden Fehler gemacht."

Werner Brandt starrt Marlene an. Er wird blass.

„Ich glaubte, es wird Zeit, dass Sie ein Geständnis ablegen, Werner", meint Marlene.

Werners Lippen bewegen sich tonlos, bis er die Stimme wieder findet. „Ja", flüstert er. „Ich habe das Wasser in Onkel Lothars Glas vergiftet, als ich ihn heute Mittag besuchte. Nachdem er gestorben war, habe ich alles wie bei einem Selbstmord arrangiert." Er sieht Marlene Kemper an. „Was habe ich falsch gemacht?"

Woran konnte Kommissarin Marlene Kemper erkennen, dass der Selbstmord vorgetäuscht war?

Wäre Lothar Brandt wirklich, wie es scheinen sollte, beim Schreiben seines Abschiedsbriefes gestorben, wäre der Füllfederhalter offen liegen geblieben. Doch als man die Leiche hochhob, fand man den Füller zugeschraubt.

2

Überfall vor Ladenschluss

 Obwohl alles in dem Juwelierladen auf einen Überfall hindeutet, hat Kommissarin Marlene Kemper ein ungutes Gefühl. Der Tatortfotograf lichtet die feuchte Fußspur ab, die vom Eingang über den hellen Teppichboden zur Verkaufsvitrine führt, hinter der aufgeregt und immer noch scheinbar ganz unter dem Schock des Überfalls der Juwelier Horst Mack steht. Die Fußspur führt um die Theke herum bis ins Büro des Ladens.

„Ich wollte gerade abschließen, als der Mann auftauchte!", gibt der Juwelier gerade bei Marlenes Assistent Krüger zu Protokoll. „Er bedrohte mich mit einer Pistole ..."

„Und dann?" Marlene Kemper übernimmt die Befragung. Der Juwelier drückt eine Kompresse auf die Platzwunde an seiner Stirn. „Der Gangster zwang mich, ins Büro zu gehen. Er schlug mich mit der Waffe nieder. Ich war wohl einige Minuten bewusstlos. Als ich wieder aufwachte, taumelte ich nach vorn und sah, was er im Laden angerichtet hatte ..."

Hilflos deutet er auf die leeren Vitrinen. Da sieht alles nach Profiarbeit aus: Modeschmuck und wertlose Stücke liegen noch zwischen den Glassplittern auf den Samttabletts. Die wertvollen Stücke sind verschwunden.

„Wie viel fehlt?", fragt Marlene Kemper.

Der Juwelier rauft sich die spärlichen Haare. „Brillantschmuck, Perlenketten. Der Schaden beträgt wohl eine halbe Million."

„Sie haben hoffentlich Beschreibungen der Stücke?"

„Natürlich." Der Juwelier führt Marlene in sein Büro. Marlene Kemper sieht, dass die feuchte Fußspur auf dem hellen Teppich dort direkt vor dem Schreibtisch abbricht.

„Hier, die Versicherungsunterlagen!" Der Juwelier drückt Marlene Kemper einen Aktenordner in die Hand. „Zum Glück habe ich die Kollektion zusätzlich versichern lassen."

„Wirklich – ein Glück!", murmelt Marlene Kemper. Auf dem Schreibtisch des Juweliers entdeckt sie einen Stapel Rechnungen. Scheinbar desinteressiert blättert sie darin herum und sieht darunter auch ein paar dringende Mahnungen und gerichtliche Mahnbescheide.

„Die Geschäfte gehen nicht gut?", fragt sie den Juwelier und bietet ihm ein Pfefferminzbonbon aus ihrer Tüte an.

Mack lehnt dankend ab.

„Das hat doch nichts mit dem Überfall zu tun, oder?", fragt er.

„Wer weiß?", sagt Marlene Kemper.

* * *

Eine halbe Stunde später kann der Leiter der Spurensicherung Marlene Kemper einen ersten Bericht geben: „Interessant sind die Fußspuren auf dem Teppich", sagt er. „Feuchtigkeit und Sand. Der Sand scheint aus dem Stadtpark auf der anderen Straßenseite zu stammen. Wir haben dort Vergleichsproben genommen."

Kommissarin Marlene Kemper lässt den Juwelier in Krügers Obhut und verlässt das Geschäft, um sich drüben im Stadtpark auf der anderen Seite der Straße etwas umzusehen. Draußen herrscht seit Mittag ein düsteres Schauerwetter. Feiner Nieselregen schlägt Marlene ins Gesicht. In dem kleinen Pavillon am Kinderspielplatz sitzt eine traurige Gestalt auf der Plastikbank. Marlene geht zu dem Mann. „Hallo Berber-Kurt!", sagt sie. „Immer noch kein Zuhause gefunden?"

„Ich kann sitzen, wo ich will", brummt der Mann in der schmutzigen Jacke. „Solange ich niemandem was tue..."

„Eben!", meint Marlene Kemper. „Wie lange sitzt du schon hier? Hast du was von dem Überfall beim Juwelier gegenüber bemerkt?"

„Überfall?", stottert Kurt. „Sie werden mir das doch jetzt nicht in die Schuhe schieben wollen?"

Marlene Kemper sieht an Kurt herunter. Er trägt verwaschene Jeans und dicke, unförmige Halbschuhe mit hellen Sandstreifen an den Rändern der Sohle.

„Komm mal mit!", fordert Marlene Kemper ihn auf.

16

Juwelier Mack starrt Kurt an wie einen Geist aus einer anderen Welt. Die Kommissarin hat den Obdachlosen in den Laden gebracht.

„Nein", sagt Mack dann. „Das war nicht der Räuber."

„Sehn Sie!", verkündet Kurt und will sich umdrehen, doch Kommissarin Marlene Kemper hält ihn zurück.

„Wenn du schon hier bist, können wir auch ein kleines Experiment machen", meint sie. „Du spielst jetzt mal den Gangster, Kurt!"

Sie schiebt den protestierenden Mann zur Ladentür und winkt Mack heran. „Sie wollten also den Laden gerade abschließen..."

Widerstrebend folgt Mack den Anweisungen der Kommissarin. Kurt reagiert auf Marlenes Regieanweisungen wesentlich enthusiastischer. Er bedroht Mack mit dem ausgestreckten Zeigefinger, der eine Waffe darstellen soll, und treibt den Juwelier durch den Laden ins Büro. Er hinterlässt dabei eine deutliche, feuchte Fußspur auf dem Teppich.

„Im Büro hat der Täter Sie also niedergeschlagen", sagt Marlene Kemper und drückt Mack in seinen Schreibtischsessel. „Um anschließend den Schmuck auszuräumen und zu fliehen."

Mack nickt. Kurt geht aus dem Büro, wandert im Laden von Vitrine zu Vitrine und wendet sich dann zur Ladentür.

„Sehen Sie, was ich sehe?", fragt Marlene Kemper den Juwelier. „Es ist der Beweis, dass Sie den ganzen Überfall von vorn bis hinten erfunden haben."

Was meint Marlene?

Bei der Demonstration des Überfalls hinterließ Kurt auf dem Weg zum Büro feuchte Fußspuren auf dem Teppich, und die gleichen Spuren hinterließ er auch, als er dann abschließend zur Ladentür zurückging. Diese letzte Fußspur war der Beweis, dass Juwelier Mack gelogen hatte: Wäre er wirklich überfallen worden, hätte der Gangster nicht nur die Fußspur hinterlassen, die von der Ladentür ins Büro führte, sondern auch eine Spur, die wieder aus dem Laden hinaus führte. Doch die einzige Fußspur, die gefunden wurde, war die, die bis ins Büro führte: Sie war von Mack selbst gelegt worden.

3

Trip nach San Francisco

 Vom Fenster ihrer Wohnung aus sieht Marlene Kemper nun schon eine Viertelstunde lang zu, wie Markus unten auf dem Parkplatz unschlüssig auf und ab geht. Die Kommissarin schaut auf die Uhr. Gleich fünf. Für fünf hat Markus sich mit ihr verabredet. Am Telefon hat seine Stimme ganz anders geklungen als früher. „Ich brauche einmal deinen Rat, Marlene", hat er gesagt. „Darf ich bei dir vorbeikommen?"

Markus Holland ist groß, schwarzhaarig, von südländischer Schönheit mit dunklen Augen und einem vollen, sinnlichen Mund. Drei Jahre lang hat Marlene mit ihm zusammengelebt, dann haben sich ihre Wege getrennt.

Als Markus dann endlich Punkt fünf Uhr klingelt, kann sich die Kommissarin ein Lächeln nicht verkneifen. Pünktlichkeit ist schon immer eine seiner Marotten gewesen.

„Ich hoffe, dir geht es gut", sagt er, als sie dann beim Kaffee zusammensitzen. Markus Holland nippt an seiner Tasse. „Es ist lange her, seit wir uns zum letzten Mal gesehen haben. Ich muss noch oft daran denken..."

„Ich hoffe doch, dass deine Ehe glücklich ist", meint Marlene, um das Gespräch auf ein anderes Thema zu bringen. Ein Jahr nach ihrer Trennung hat Markus nämlich geheiratet. Das hat Marlene von gemeinsamen Freunden erfahren.

„Ich glaube, meine Frau belügt mich", sagt Markus. „Ich habe leider keine Beweise. Nur eine Ahnung. Vera ist Werbeleiterin in der Firma ihres Vaters. Wegen ihres Jobs ist sie viel unterwegs. Eine Geschäftsreise pro Monat – mindestens. Nach München, Frankfurt, Hamburg, London und so weiter..."

Er sieht Marlene unruhig an. Marlene lehnt sich zurück und wickelt ein Pfefferminzbonbon aus. Eifersucht ist das Letzte, was sie bei Markus erwartet hat. Schließlich hat er es damals mit anderen Frauen nie so genau genommen.

„Bisher haben wir jeden Abend miteinander telefoniert, wenn Vera auf Reisen war", erzählt Markus. „Jetzt allerdings ist sie ziemlich überstürzt nach San Francisco geflogen, ohne mir zu sagen, in welchem Hotel sie wohnen wird."

„Hat sie dich aus San Francisco angerufen?", fragt Marlene.

Er schüttelt den Kopf. „Bevor sie abreiste, sagte sie, sie werde sehr viel zu tun haben und wohl kaum Zeit finden,

20

sich zu melden. Ich glaube, sie ist gar nicht nach San Francisco geflogen", fährt er fort. „Ich habe heute Vormittag in ihrem Sekretariat bei der Firma angerufen und gefragt, in welchem Hotel sie wohnt. Doch anstatt mir die Auskunft zu geben, hat man mir nur ausgerichtet, Vera werde mich heute Abend anrufen. In etwa drei Stunden, gegen 20 Uhr."

Marlene sieht Markus an. „Was erwartest du von mir?", will sie wissen.

„Komm mit und höre dir an, was Vera mir zu sagen hat", erwidert er. „Und ich möchte, dass du dich mit Vera unterhältst. Finde heraus, ob sie wirklich in San Francisco ist."

* * *

Die Villa ist elegant, der Garten riesig und die Einrichtung des Wohnraumes erlesen. Marlene nippt an ihrem Kir Royal, während Markus nervös auf und ab geht. Das Telefon steht auf dem Sekretär am Fenster. Draußen geht die Sonne unter. Punkt 20 Uhr klingelt der Apparat. Markus nimmt ab und schaltet den Mithörlautsprecher ein. Die Stimme seiner Frau klingt durch den Raum. Vera Holland wirkt ein wenig abgespannt.

„Tut mir Leid, dass ich mich bis jetzt nicht gemeldet habe", sagt sie. „Aber es ging um eine komplizierte Geschäftsangelegenheit, die ich zu regeln hatte. Ich wusste in den letzten Tagen oft nicht, wo mir der Kopf stand." Sie erzählt von den Konferenzen mit amerikanischen Geschäftspartnern, die sie geführt hat. „Und du?", fragt sie schließlich. „Wie geht es dir?"

„Ich habe eine alte Freundin zu Gast", erwidert Markus. „Marlene Kemper."

Sofort klingt Veras Stimme etwas reservierter. Marlene nimmt den Telefonhörer. „Sie brauchen sich keine Sorgen zu machen", sagt sie. „Ich leiste Markus nur ein wenig Gesellschaft."

„Ich wäre jetzt auch lieber bei ihm", sagt Vera kühl. „Aber leider werde ich noch ein paar Tage hier in San Francisco bleiben müssen, bis alle Verträge unterschrieben sind."

„Versäumen Sie nicht, die Sehenswürdigkeiten der Stadt anzuschauen", rät Marlene.

„Sie meinen die Golden Gate Bridge?", fragt Vera. „Ja, ich fürchte, das steht mir noch bevor. Meine Geschäftspartner bestehen auf einer Stadtrundfahrt. Für morgen haben sie mich zu einem Ausflug mit der berühmten Cable Car-Straßenbahn eingeladen."

„Manchmal muss man Einladungen annehmen, wenn es den Geschäften dient", meint Marlene. Markus steht neben ihr und sieht sie gespannt an.

„Sie haben Recht", sagt Vera. „Ich muss jetzt auch gleich zu einem Dinner, zu dem meine Geschäftspartner eingeladen haben. Das Essen beginnt um halb neun, und ich bin noch nicht einmal umgezogen."

Markus nimmt Marlene den Hörer aus der Hand. „Dann gib mir die Nummer deines Hotels, damit ich dich anrufen kann, wenn du zurück bist!"

Doch statt einer Antwort kommt nur noch ein Knistern aus dem Hörer, dann ist die Leitung tot.

Markus sieht Marlene hilflos an. „Was meinst du? Hat sie mich eben belogen?"

„Tja", sagt Marlene. Dann macht sie eine kurze Pause, als ob sie nachdenken müsse. Denn sie hat keine guten Nachrichten für ihn. Schließlich sagt sie: „Ich fürchte, du hast allen Grund zur Eifersucht, mein Lieber. Denn deine Vera ist ganz bestimmt nicht in San Francisco!"

Was ist Marlene aufgefallen?

Vera rief um 20 Uhr deutscher Zeit angeblich aus San Francisco an und behauptete, um halb neun noch zu einem Dinner eingeladen zu sein. Das ist unmöglich, denn wegen der Zeitverschiebung wäre es in San Francisco schon weit nach Mitternacht gewesen.

4

Falle für den Sündenbock

Kommissarin Marlene Kemper sieht deutlich, wie viel Überwindung es Andrea Uhlen kostet, in den Gegenüberstellungsraum zu treten. „Sehen Sie sich die Männer genau an!", sagt Marlene und deutet auf die sieben Männer, die durch den Einwegspiegel zu sehen sind. Andrea Uhlen nagt nervös an ihrer Unterlippe und lehnt das Pfefferminzbonbon ab, das Marlene ihr anbietet.

Die Männer im Vorführraum stehen in einer Reihe. Sie sind alle um die 1,70 Meter groß, blond bis brünett, und tragen Jeans, schäbige Lederjacken und Lederhandschuhe. Genauso hat Andrea Uhlen vor zwei Tagen den Mörder ihres Mannes beschrieben.

Jetzt steht Andrea stumm an der Glasscheibe. Ihre Hände zittern. Kommissarin Marlene Kemper sieht, wie ihr Assistent Nils Krüger, der sich drüben als „Verdächtiger" eingereiht hat, unruhig von einem Fuß auf den anderen tritt.

„Nummer 4", sagt Andrea Uhlen plötzlich. „Das ist der Mann, der Gerhard erschossen hat. Ich werde diese stechenden Augen nie vergessen. Und die Form seiner Lippen und die Tätowierung auf dem Handrücken."

Marlene nickt der Protokollführerin zu, die Andreas Angaben notiert, und sagt: „Danke, Frau Uhlen. Eine Beamtin wird Sie heimbringen."

* * *

Mit der Akte des „Verdächtigen Nr. 4" unterm Arm nimmt Marlene den Fahrstuhl hinauf zu den Büros der Mordkommission. Der Verdächtige Nummer 4 ist Leo Treske, in Ganovenkreisen auch der „schöne Leo" genannt. Aus seiner Akte erfährt Linda, dass er eine Menge auf dem Kerbholz hat. Es scheint also gut möglich, dass er jetzt sogar vor einem Mord nicht zurückgeschreckt ist.

Vielleicht hat er Gerhard Uhlen und seine Frau nur überfallen wollen und dabei die Nerven verloren, überlegt Marlene. Anders kann sie sich den Mord nicht erklären.

Es ist am Dienstagabend geschehen. Andrea Uhlen und ihr Mann wollten nach einem Theaterbesuch heimfahren. Marlene erinnert sich noch genau an Andreas Zeugenaussage: „Auf dem Parkplatz des Theaters kam ein mittelgroßer, brünetter Mann in Jeans und Lederjacke auf uns zu. Er bedrohte uns mit einem Revolver und verlangte

Geld. Doch als Gerhard nach der Brieftasche in sein Jackett griff, schoss der Gangster sofort."

Andreas Mann war tödlich getroffen zusammengebrochen. Außer der Beschreibung, die Andrea von dem Mörder geliefert hat, gibt es nur noch ein paar vage Beobachtungen von Zeugen, die einen Mann haben weglaufen sehen.

Marlene Kemper blättert noch in den Akten mit Andreas Aussage und Leo Treskes Vorstrafenregister, als ihr Assistent Krüger hereinkommt. Er ist immer noch in der Aufmachung, in der er eben in der Identifizierungsparade gestanden hat. Er zieht die Lederhandschuhe aus und schlüpft aus der Jacke. „Hat Andrea jemanden erkannt?"

Marlene nickt. „Sie hat Leo Treske identifiziert. Die Nummer 4."

„Da bin ich aber überrascht", sagt Krüger. „Leo macht doch normalerweise keine Raubüberfälle, sondern treibt nur brutal die Schulden für die Spielclubs ein."

„Fragen wir doch Leo am besten einmal selbst!", meint Linda.

* * *

Doch als der „schöne Leo" der Kommissarin gleich darauf gegenübersitzt, hat er erst einmal selbst eine Frage an Marlene: „Wer hat mich verpfiffen?"

Marlene Kemper zuckt mit den Schultern. „Es war ein anonymer Anrufer. Jemand sagte, du hättest Gerhard Uhlen auf dem Gewissen. Er nannte uns die Adresse des Appartements deiner Freundin, in dem wir dich dann gestern Abend geschnappt haben." Sie zupft ein frisches Pfefferminz aus der Packung und bietet auch Leo eins an.

Als er zugreift sieht Marlene den bunten Schmetterling, der auf seinem Handrücken tätowiert ist.

„Dieses Luder!", knurrt er.

„Welches Luder?"

„Die Witwe", grollt Leo. „Andrea Uhlen, so heißt sie doch, oder? Sie hat mich angeheuert, um ihren Mann zu erschießen."

Marlene wechselt einen erstaunten Blick mit Krüger.

„Die beiden hatten irgendwelche Eheprobleme, und Geld spielte auch eine Rolle", erzählt Leo. „Andrea Uhlen hat mich vor einer Woche in Pascals Spielklub angesprochen. Sie tat ungeheuer geheimnisvoll und sprach von einem Auftrag, den sie für mich hätte. 20 000 Mark hat sie mir geboten, damit ich ihren Mann erschieße. Die eine Hälfte im Voraus, die andere Hälfte hinterher."

„Sie hat dich beauftragt?" Krüger hebt die Augenbrauen. „Das sollen wir glauben?"

Leo hebt die rechte Hand: „Genauso ist es gewesen. Die Dame wollte sich natürlich nicht im Club über die Details auslassen, deshalb sind wir ins Appartement meiner Freundin gegangen und haben alles ausgehandelt. Es sollte wie ein verunglückter Raubüberfall aussehen."

„Und du warst damit einverstanden?", fragt Marlene.

Leo Treske nickt schuldbewusst. „Ich brauchte das Geld. Deswegen habe ich den Job angenommen und Uhlen erschossen."

„Selbst wenn Andrea Uhlen dich beauftragt hat", meint Krüger zweifelnd, „warum hätte sie uns dann den anonymen Tipp geben sollen, wo wir dich finden?"

„Sie will das Geld sparen", meint Treske „Die zweiten 10 000 Mark. Sie ist eben ein Luder."

Marlene lutscht nachdenklich an ihrem Pfefferminz und überlegt, ob Leos Version wohl wahr ist. Krüger ist immer noch nicht überzeugt. „Gesetzt den Fall, dass deine Geschichte stimmt", sagt er zu Leo. „Dann muss sie doch befürchten, dass du sie belastest, genau wie du es jetzt tust, und wir sie als Anstifterin eines Mordes festnehmen."

„Sie rechnet eben damit, dass Sie mir nicht glauben", meint Leo trocken. „Und genauso ist es ja wohl auch. Sie ist schon clever, dieses Biest: Hätte sie mir das Geld bezahlt, hätte ich sie jederzeit erpressen können!"

Angesichts von Leos Vorstrafenregister zweifelt Marlene keine Sekunde daran, dass es dies auch getan hätte.

„Krüger", sagt Marlene zu ihrem Kollegen. „Holen Sie mir sofort Andrea Uhlen her. Ich kann beweisen, dass sie Leo schon vor dem Mord auf dem Parkplatz getroffen hat."

Wie kann Marlene das beweisen?

Andrea Uhlen behauptete bei der Identifizierung, Leo unter anderem an seiner Tätowierung auf dem Handrücken wieder erkannt zu haben. Dabei trugen alle Männer in der Parade Handschuhe.

5

Tödliche Überstunden

 Kommissarin Marlene Kemper geht an den auf-
gebrochenen Kassen des Supermarktes vorbei zu
den Regalen mit Putzmitteln, wo der Tote liegt.

„Klaus Köster, der stellvertretende Filialleiter",
erklärt ihr Assistent Nils Krüger. „42 Jahre, ledig.
Tatzeit letzte Nacht gegen 22 Uhr. Brutal niedergeschlagen – beim Sturz hat er sich dann einen tödlichen
Schädelbruch zugezogen."

Bernd Hollstedt, der Filialleiter, hat seinen Stellvertreter
gefunden. „Köster ist gestern noch im Laden geblieben,
um die Monatsabrechnung zu machen", berichtet er.

Marlene inspiziert mit Krüger die anderen Räume des
Supermarktes. In einem Lagerraum entdeckt sie ein offe-

nes Oberlicht. Das Fenster, zwei Meter überm Boden, ist eingedrückt. An der Wand darunter lehnen ein halb voller Müllsack mit Papierresten und ein Besen. Marlene sieht sich das Fenster von draußen an – es liegt an der Rückfront der Supermarkthalle. Unter dem Fenster steht eine 120-Liter-Mülltonne.

„Glasklar", meint Assistent Krüger. „Hier ist der Gangster eingestiegen."

Marlene Kemper kehrt in den Verkaufsraum zurück. „Wer kommt für den Einbruch und den Mord in Frage?", will sie von Bernd Hollstedt wissen.

„Eigentlich nur Dieter Kowalski und Olaf Preminger. Kowalski hat die letzten zwei Wochen hier im Lager gearbeitet. Ich habe ihn vor ein paar Tagen bei einem Diebstahl erwischt und bei Köster gemeldet. Der hat ihn sofort entlassen." Außerdem erfährt Marlene, dass Kowalski mit Olaf Preminger befreundet ist, der als Fahrer für einen Lieferanten des Supermarktes gearbeitet hat. „Gut möglich, dass Kowalski ihm erzählt hat, dass wir unser Wechselgeld in den Kassen lassen", meint Hollstedt. „Dann könnte auch Preminger auf dumme Gedanken gekommen sein."

* * *

Olaf Preminger lebt in einer Dachwohnung. Der Mann, der Marlene Kemper und Krüger öffnet, ist über einen Meter neunzig groß, kann wegen der Dachschrägen nur in der Mitte des Raumes aufrecht stehen und wirkt mit seiner drahtigen Figur sehr sportlich.

„Ich bin sauber!", erklärt er sofort, als er Marlenes Dienstmarke sieht.

„Auch nicht die Sache im Supermarkt?", hakt Marlene Kemper nach. „Hat Ihnen Ihr Kumpel Kowalski da vielleicht einen Tipp gegeben?"

„Nein!" Preminger schüttelte den Kopf. „Was für einen Tipp?"

„Dass da nachts noch Wechselgeld in den Kassen ist", meint Marlene. „Bloß konnte er nicht wissen, dass gestern der Filialleiter Überstunden machte."

Preminger hebt die Hände. „Was auch immer mit Köster passiert ist – ich habe nichts damit zu tun. Ich war gestern von sieben bis neun in der Kneipe – übrigens zusammen mit Kowalski."

* * *

Dieter Kowalski lebt in einem Anbau hinter einem Mietshaus. Der kleine, kam einen Meter sechzig große Mann lächelt Marlene Kemper unschuldig an. „Ich war gestern mit meinem Freund Preminger in einer Kneipe."

„Aber nur bis neun", sagt Marlene.

Kowalskis Lächeln friert ein. „Ich wette, der saubere Herr Hollstedt hat Ihnen meinen Namen gesagt", meint er. „Er hat ja auch dafür gesorgt, dass Köster mich rausgeworfen hat."

„Köster wurde von dem Einbrecher ermordet", sagt Marlene langsam.

„Ermordet?" Kowalskis Lächeln verschwindet. „Oh nein, mit Mord habe ich nichts zu tun, Frau Kommissarin. Ich bin ein ehrlicher Dieb, kein Mörder."

„Stimmt ausnahmsweise!", sagt Marlene.

Warum?

Der Mörder war Olaf Preminger, weil er wusste, dass Köster etwas zugestoßen war, dem stellvertretenden Filialleiter, obwohl Marlene Kemper zuvor nur vom „Filialleiter" gesprochen hatte, womit normalerweise Bernd Hollstedt gemeint gewesen wäre. Kowalski war außerdem mit seiner Größe von 1,60 Meter nicht groß genug, um nach der Tat durch das in zwei Metern Höhe liegende Fenster wieder zu fliehen. Preminger mit seinen 1,90 Meter Körpergröße konnte das Fenster dagegen sehr wohl erreichen.

6

Abschied eines Frauenhelden

 Kommissarin Marlene Kemper sieht sich die Papiere des Toten an, den ein Rentner um 7.30 Uhr im Stadtpark gefunden hat. Der Mann heißt Manfred Kersting, ist gerade 47 Jahre alt geworden und wohnte in der Saarbrücker Str. 48. Für den gestrigen Abend sind in Kerstings Taschenkalender Verabredungen mit zwei Frauen notiert: „Marianne, 21 Uhr" und „Brigitte, 23 Uhr".

Im Adressteil des Kalenders findet Marlene Kemper die Adressen der beiden Frauen. Ehe sie losfährt, um sie zu befragen, lässt sie sich vom Gerichtsarzt informieren: „Er starb gegen Mitternacht durch einem Messerstich in die Brust."

Marianne Feldmann öffnet der Kommissarin verschlafen die Tür ihres Appartements und blinzelt gähnend auf den Dienstausweis der Kommissarin.

„Manfred Kersting ist ermordet worden", sagt Marlene. „War er gestern bei Ihnen?"

Marianne schluckt. „Ja, gegen 21 Uhr. Wir ... hatten eine Auseinandersetzung. Sehen Sie, ich war seit zehn Monaten mit ihm zusammen. Ich dachte, ich sei seine einzige Freundin, aber dann fand ich heraus, dass er sich auch noch mit einer anderen traf. Von der ließ er sich genauso aushalten wie von mir. Mal hier ein Geschenk, mal da ein Hundertmarkschein. Deshalb habe ich ihm den Laufpass gegeben."

„Wie sind Sie dieser anderen Frau auf die Spur gekommen?", fragt Marlene.

„Ich habe mir mal seinen Taschenkalender angesehen und diese Eintragungen für ‚Brigitte' gefunden. Hinten hatte er ihre Adresse notiert. Also habe ich diese Frau gestern angerufen und ihr die Wahrheit über Manfred gesagt. Aber sie behauptete steif und fest, dass er nur sie liebe. Ich habe überlegt, ob ich um Manfred kämpfen sollte, aber dann wurde mir klar, dass er es nicht wert war. Also habe ich ihn zum Teufel geschickt. Als er gestern gegen 22 Uhr ging, habe ich ihm gesagt, dass er sich nicht mehr blicken lassen soll."

„Sagte er, dass er zu Brigitte Grote wollte?"

„Nein", erwidert Marianne. „Aber sie wohnt doch am Amselweg am Stadtpark. Kann es nicht sein, dass Manfred nach seinem Besuch bei ihr von jemandem überfallen wurde? Vielleicht geriet der Täter in Panik und hat einfach zugestochen?"

Als Nächstes besucht die Kommissarin Brigitte Grote in ihrem Reihenhaus am Amselweg.

„Ja, Manfred war gestern gegen 23 Uhr kurz hier", sagt die attraktive Rothaarige. „Er ging aber schon nach einer halben Stunde wieder, weil er noch eine Verabredung hatte."

„Wie lange kannten Sie ihn schon?"

„Seit einem Jahr."

„Wussten Sie, dass er noch eine andere Freundin hatte?"

Brigitte muss sich räuspern. „Eine gewisse Marianne Feldmann rief mich gestern an", gibt sie zu. „Sie erzählte mir, dass Manfred angeblich ein Doppelleben führte. Aber ich habe ihr kein Wort geglaubt. Ich wusste, dass er nur mich liebte. Deshalb habe ich ihm nicht hinterhergeschnüffelt wie diese Frau Feldmann."

Auf dem Weg zum Wagen lässt sich Marlene Kemper beide Aussagen durch den Kopf gehen. Dann greift sie zum Funktelefon und lässt sich mit dem Staatsanwalt verbinden: „Ich brauche einen Haftbefehl für Kerstings Mörderin."

Wer ist die Täterin?

Manfred Kersting wurde von Marianne Feldmann ermordet. Beim Verhör erwähnte Marianne, dass ihr Liebhaber erstochen worden war, ohne dass Marlene Kemper ihr vorher gesagt hatte, wie Manfred Kersting ums Leben gekommen war.

7

Hass ist auch ein Gift

 Gregor Fritsch ist groß herausgekommen, seit er seinen Beruf als Tierfilmer aufgegeben hat. Die Erfahrungen seiner zahlreichen Expeditionen nach Afrika und Indien sind ihm von Nutzen gewesen, als er sein Zoogeschäft eröffnet hat. Seine Spezialität sind Krokodile, Eidechsen, Schlangen und andere Reptilien. Weil er es versteht, mit den Tieren umzugehen, hat er sich schon bald einen guten Namen bei den Reptilienfreunden in der Umgebung gemacht.

Fritsch macht an diesem Tag wie üblich gegen Viertel nach sechs die Tageskasse in seinem Zoogeschäft, schließt den Laden pünktlich um 18.30 Uhr ab und steigt in seinen

Wagen. Er dreht gerade den Zündschlüssel, als er in den Rückspiegel blickt und ihm der eiskalte Schweiß ausbricht. Aus dem Raum zwischen Vorder- und Rücksitz steigt der armdicke, schillernde Leib einer Königskobra in die Höhe. Der weit aufgerissene Rachen mit den beiden spitzen, gefurchten Giftzähnen bietet einen furchtbaren Anblick. Dann, im Bruchteil einer Sekunde, schlägt die Kobra zu.

***

„Verflucht schwierige Sache", brummt Kriminalassistent Nils Krüger zwei Tage später, als er die Akten des Falles studiert. „Das Labor hat festgestellt, dass die Königskobra im Kofferraum des Wagens gelauert hat. Von dort aus ist sie durch ein Loch, das der Mörder in die Trennwand geschnitten hat, in den Wagen gelangt."

Kommissarin Marlene Kemper lehnt sich zurück, zerbeißt ihr Pfefferminzbonbon und sagt: „Wenigstens konnten die Spurentechniker feststellen, dass die Kobra frühestens am Morgen in den Kofferraum gelegt wurde. Wir müssen jetzt also nur herausfinden, was Fritsch am Morgen seines Todestages getan hat und wo er seinen Wagen abgestellt hatte."

Nils Krüger blättert seufzend in den Protokollen der Zeugenaussagen. „Also: Er verließ seinen Bungalow am Stadtrand um acht Uhr fünfzehn und war um neun an seinem Laden. Den Wagen stellte er wie gewöhnlich in einem Schuppen neben dem Freigehege ab. Um 9.30 Uhr fuhr er zu Rolf Möbius, einem anderen Tierhändler. Die beiden waren einige Male gemeinsam auf Expeditionen in Indien, gelten aber trotzdem nicht als Freunde. Um zehn

Uhr stand der Wagen wieder in Fritschs Schuppen neben dem Freigehege. Fritsch schloss nicht ab.

„So weit, so gut", meint Marlene. „Was ist mit dem chinesischen Tierpfleger, gegen den Fritsch am Tag vor seinem Tod Anzeige wegen Diebstahls erstattet hatte?"

„Chim Su Yung", murmelt Krüger und fischt die Meldung des zuständigen Reviers aus den Unterlagen. „Fritsch beschuldigte ihn, Schlangen im Wert von 5 000 Mark gestohlen zu haben. Die Kollegen wollten den Chinesen deshalb befragen, aber der Mann ist seitdem verschwunden."

„Warum wohl?", fragt sich Marlene nachdenklich.

* * *

Rolf Möbius ist ein massiger Mann mit einem kantigen Gesicht. Trotz seiner Beinprothese bewegt er sich mit einer bewundernswerten Gewandtheit durch das große Freigehege hinter seinem Zoogeschäft.

„Fritsch?", knurrt er und klopfte auf sein künstliches Bein. „Das verdanke ich ihm. Ein Schlangenbiss auf unserer letzten gemeinsamen Expedition. Fritsch hat den Biss falsch behandelt, so dass man mir später das Bein amputieren musste."

„Was wollte Fritsch gestern bei Ihnen?", fragt Marlene. Sie fröstelt angesichts der Reptilien, zwischen denen Möbius sich in dem Freigehege ganz ungezwungen bewegt.

„Er sagte, wir könnten unsere Geschäfte zusammenlegen, das brächte mehr Gewinn. Ich hab' ihn rausgeschmissen."

* * *

Luise Fritsch ist eine attraktive Frau um die Vierzig. Doch in ihrem Gesicht erkennt Marlene Kemper schon die ersten Spuren des Alters. Luise hat die Kommissarin und ihren Assistenten auf der Terrasse ihres Hauses empfangen, an dessen Rückfront ein großes klimatisiertes Gehege liegt. Durch die dicken Glasscheiben erkennt Marlene Kemper Leguane und ein paar Schlangen.

„Er hat mein Leben zerstört", sagt sie bitter. „Ich dachte zuerst, er habe mich aus Liebe geheiratet. Doch das war ein Irrtum. Er hatte es nur auf mein Vermögen abgesehen, das er in sein Geschäft mit diesen ekelhaften Schlangen gesteckt hat."

„Sie mögen Schlangen nicht?", fragt Marlene unschuldig.

„Sie ekeln mich an!" Luise Fritsch deutet auf das Terrarium. „Das hat er auch anlegen lassen – von meinem Geld. Ich werde es jetzt abreißen lassen."

Marlene Kemper lässt ihren Blick scheinbar gleichgültig durch den Garten schweifen. „Krüger!", sagt sie dabei leise zu ihrem Assistenten. „Da beobachtet uns jemand hinter den Büschen. Holen Sie den Kerl einmal her!"

Nils Krüger nickt und spurtet los. Nach einem kurzen Handgemenge hat er den kleinen gelbhäutigen Mann überwältigt, der sich in dem Gebüsch verborgen hatte.

„Chim Su Yung, wenn ich mich nicht irre?", fragt Marlene, als Krüger den Chinesen Handschellen angelegt hat und ihn zu ihr bringt.

Der Chinese nickt. „Ich unschuldig", beteuert er in gebrochenem Deutsch. „Ich haben Herrn Fritsch nicht getötet.

„Nein, das war die Kobra, die ihm jemand in den Wagen gelegt hat", erwidert Marlene trocken. „Was haben Sie hier zu suchen?"

Der Mann hebt die Schultern. „Ich habe keine Kobra in seinen Wagen gelegt. Woher hätte ich Kobra nehmen sollen? Letzte Kobra, die wir hatten, ist vor einem halben Jahr aus Gehege gestohlen worden."

„Verstehen Sie etwas von Schlangen?", fragt Marlene. Chim Su Yung nickt erfreut.

„Wie lange", fährt Marlene langsam fort, damit der Tierpfleger sie auch versteht, „wie lange muss eine Kobra hungern, damit sie bösartig genug ist, um einen Menschen anzufallen?"

Der Chinese lächelt, dann sagt er: „Sehr lange, Madam, sehr lange. Mindestens ein halbes Jahr. Kobras muss vollkommen ausgehungert sein, damit sie angreift Menschen."

Marlene nickt Krüger zu. „Lassen Sie ihn gehen. Er hat Fritsch nicht auf dem Gewissen."

„Aber wer dann?", fragt Krüger.

Die Kommissarin lächelt. „Aber das ist doch ganz klar!"

Was meint Marlene?

Die Kobra, die den Schlangenhändler Gregor Fritsch tötete, wurde von dessen Frau Luisa in sein Auto gelegt. Die Tat erforderte lange Zeit zur Vorbereitung: Die Kobra musste ein halbes Jahr ohne Nahrung gehalten werden, um sie reizbar zu machen, außerdem musste das Loch in die Trennwand zwischen Kofferraum und Fahrgastraum geschnitten werden.

Fritschs Frau hatte als Einzige diese Zeit und die nötigen Gelegenheiten, die Tat vorzubereiten.

8

Ein Detektiv weiß zu viel

 Kommissarin Marlene Kemper und die Mordkommission kommen durch den Hintereingang ins Hotel IMPERIAL. Jochen Dilling, der Hotelmanager, hat bei seinem Anruf um Diskretion gebeten. In Dillings Büro im Verwaltungstrakt liegt Hoteldetektiv Röser, erstochen. Auf Dillings Schreibtisch steht eine Geldkassette, der Wandsafe ist offen. Marlene fragt: „Wer hat einen Schlüssel zu dem Safe?"

„Nur Jochen Dilling", sagt Ina Hindersen. Sie ist die Tochter des Hotelbesitzers und arbeitet als Hausdame im IMPERIAL.

„Haben Sie hier etwas verändert?"

„Nein", versichert Dilling sofort. „Als ich die Leiche fand, war Frau Hindersen bei mir. Ich hatte sie vorn an der Tür zum Verwaltungstrakt getroffen."

„Das stimmt", sagt Ina Hindersen. „Ich begreife nicht, wie Röser letzte Nacht hier in den Verwaltungstrakt kommen konnte. Dieser Teil des Gebäudes ist nur durch eine einzige Tür zugänglich, und die wird jeden Abend abgeschlossen."

Marlene Kemper erfährt, dass nur Dilling, Ina Hindersen und der Nachtportier Bernd Jordan einen Schlüssel zu dieser Tür haben. Gerade als sie den Nachtportier holen lassen will, kommt Bernd Jordan herein. „Kann ich die Kasse haben?", fragt er Dilling „Einige Gäste werden bald abreisen. Da brauche ich Wechselgeld, wenn sie bezahlen."

Dilling schaut zum Safe, dann gibt er Bernd Jordan die Geldkassette von seinem Schreibtisch.

„Wann waren Sie zuletzt hier im Verwaltungstrakt?", fragt Marlene den Nachtportier.

„Gestern Abend um sieben, als ich Herrn Dilling die Kassette mit dem Geld brachte", sagt Jordan. „Dilling schloss sie wie üblich in den Safe ein. Frau Hindersen kam herein, und zu dritt verließen wir den Verwaltungstrakt. Frau Hindersen schloss die Tür am Ende des Ganges ab."

„Was taten Sie dann?", fragt Marlene den Hotelmanager Dilling.

Dilling gibt an, er habe mit Ina Hindersen im Hotelrestaurant zu Abend gegessen und sei gegen Mitternacht in sein Zimmer gegangen.

Ina Hindersen bestätigt das: „Jochen wollte mit mir über Röser sprechen. Er hielt es für besser, ihn zu entlassen."

„Röser war sehr unzuverlässig geworden", sagt Dilling.

Doch da mischt sich der Portier ein: „Röser wusste etwas von Dilling und erpresste ihn."

„Jordan will nur den Verdacht von sich ablenken", sagt Dilling scharf. „Röser hat Jordan einmal erwischt, als er Geld aus der Hotelkasse nahm, und mir das gemeldet. Seitdem schließe ich die Kasse nachts immer in den Safe."

„Hat Röser Sie nun erpresst oder nicht?", fragt Marlene den smarten Hotelmanager.

Jochen Dilling druckst herum. „Also gut, er hatte herausgefunden, dass ich wegen Unterschlagung vorbestraft bin. Als ich mich weigerte, ihm Schweigegeld zu zahlen, drohte er, mich bei Ina Hindersen anzuschwärzen."

Marlene Kemper sieht sich die drei Verdächtigen an. Für sie ist der Fall klar.

Was ist ihr aufgefallen?

Jochen Dilling ist der Mörder. Er hatte am Abend vor dem Mord im Büro vor Zeugen die Geldkassette mit der Tageseinnahme in den Safe eingeschlossen, zu dem nur er einen Schlüssel besaß. Doch am Morgen, als er – zusammen mit Ina Hindersen – die Leiche fand, war der Safe offen, die Kassette stand auf dem Schreibtisch. Also musste Dilling in der Nacht doch noch ein mal in dem Verwaltungstrakt gewesen sein – mit Röser, den er dort im Streit erstach.

9

Marlene macht sich Gedanken

„Frau Kemper?" Marlene blickt von der Mord-
akte auf, in die sie sich gerade vertieft hat.

Hinter dem jungen Mann, der in ihr Büro gestürzt ist, taucht Kriminalassistent Nils Krüger auf
und hebt hilflos die Schultern. „Tut mir Leid, Chefin, aber ich habe ihn nicht aufhalten können ..."
Marlene blinzelt. „Dirk? Dirk Bronnen?"
Der junge Mann nickt nervös. „Ich habe in der Zeitung
gelesen, dass Sie jetzt das Morddezernat leiten. Sie müssen mir helfen. Ihr Kollege Schiller hat mich vorgeladen.
Er glaubt, ich sei ein Mörder ..."
Im Vorzimmer des Kommissariates poltert es, dann
taucht auch schon Hauptkommissar Schiller von der

MK II mit zwei Uniformierten auf: „Dirk Bronnen, Sie sind wegen Mordes verhaftet!"

* * *

Nils Krüger legt eine dicke Mordakte auf Marlenes Schreibtisch. „War gar nicht so einfach, die von den Kollegen von der Mordkommission II zu bekommen", grinst er. „Aber zum Glück kenne ich da eine nette Kommissarsanwärterin ganz gut ..."

Marlene lächelt. „Gute Arbeit. Was ist jetzt mit Dirk Bronnen?"

Krüger flegelt sich auf den Klientenstuhl vor Marlenes Schreibtisch und angelt sich die Akte. „Also: Bronnen ist in eine Kneipe eingebrochen, das ‚Alte Eck' in der Stuttgarter Straße", sagt er und blättert ein paar Seiten um. „Spielautomat aufgebrochen, Tresenkasse geknackt. Als Arno Brendel, der Wirt, ihn überrascht hat, hat er ihn erdrosselt." Krüger streckt die langen Beine aus. „Die Indizien waren eindeutig, Kollege Schiller musste nicht groß kombinieren, um auf Dirk zu kommen."

Doch Marlene schüttelt den Kopf. „Ich kenne Dirk. Der ist kein Mörder. Vor fünf Jahren, als ich noch während meiner Ausbildung im Revierdienst war, hatte ich schon einmal mit ihm zu tun. Er war damals gerade 16."

Krüger schüttelt den Kopf und zeigt auf die Akte. „Aber es ist alles sonnenklar. Am Tatort fanden sich Bronnens Fingerabdrücke. Der Wirt ist mit einem Halstuch erdrosselt worden, das Dirk gehörte. Jetzt sitzt er in Untersuchungshaft. Er gibt zwar den Einbruch zu, streitet aber den Mord ab. Er sagt, er habe den Wirt gar nicht gesehen.

Er sei geflohen, als er jemanden die Treppe herunterkommen hörte. Dabei habe er sein Halstuch verloren. Angeblich ..."

Marlene zieht die Akte zu sich herüber. „Das sehe ich mit mal genauer an."

* * *

Das „Alte Eck" ist leer, als Marlene hereinkommt. Nur Ina Brendel spült die Gläser hinterm Tresen. Die Kommissarin zeigt ihre Dienstmarke. Ina mustert sie erstaunt. „Kripo? Seit wann sind Frauen bei der Kripo?"

Marlene lächelt. „Seit man weiß, dass wir genauso gute Arbeit leisten wie die Männer." Sie sieht sich um. „Der Tote war Ihr Vater?"

Ina nickt. Ein junger Mann mit rotblondem Haar kommt durch die Hintertür, die zum Treppenhaus führt, herein und stellt sich neben sie. Besitzergreifend, denkt Marlene.

„Das ist Mike, mein Verlobter", sagt Ina. „Wir wohnen über die Kneipe. Vater lebte in der zweiten Etage. In der Nacht, als es passierte, haben wir ein Poltern gehört. Mike hat nachgesehen ... und Vater gefunden."

Mike nickt. „Er muss Bronnen bei dem Einbruch überrascht haben. Dirk hat dann wohl die Nerven verloren und ihn erdrosselt. Es war ja sein Halstuch: Seide, mit einem indischen Muster. Dirk hat es getragen, als er ein paarmal hier war."

Marlene nimmt sich ein Pfefferminzbonbon, wie immer, wenn sie nachdenken muss. Irgendetwas stimmt hier nicht, das spürt sie. Sie sieht sich in der leeren Kneipe um. „Die Geschäfte laufen schlecht?"

Mike lächelt. „Das ändert sich bald. Wir modernisieren." Er sieht zu Ina hin. „Ihr Vater wollte bisher nicht. Und er war der Besitzer."

„Sie sind seine Erbin?" fragt Marlene die junge Frau. Ina Brendel nickt ein wenig hilflos.

„Kann ich die Wohnung Ihres Vaters sehen?"

* * *

Ina bringt die Kommissarin in die zweite Etage und schließt die Tür auf. Im Flur hängen ordentlich eine Windjacke und ein dunkler Kamelhaarmantel an der Garderobe. Auf dem Schuhschrank liegt ein Schlüsselbund, unter dem Schrank stehen ein paar Straßenschuhe. Marlene geht weiter in ein ordentliches Zimmer; die Möbel sind alt, aber gepflegt, der Teppich ist abgetreten. Am Fenster steht ein Schreibtisch mit Kassenbüchern. Im Papierkorb darunter entdeckt sie einen zerrissenen Kostenvoranschlag zur Modernisierung der Kneipe. Als Auftraggeber ist Mike Dennemann angegeben.

* * *

Am Abend blättert Marlene Kemper in ihrem Büro nachdenklich in der Ermittlungsakte ihres Kollegen Schiller und zieht die Tatortfotos heraus. Auf ihnen ist Arno Brendel zu sehen, wie er tot vor der Tür liegt, die von der Kneipe ins Treppenhaus führt. Das seidene Halstuch ist um seinen Hals geknotet. Brendel trägt einen verschlissenen Morgenmantel, darunter ist die Jacke seines gestreiften Schlafanzuges zu sehen. Die Tür, vor der er liegt, steht halb offen. Auf beiden Seiten ist der Beschlag rund um die

Schlüssellöcher mit Fingerabdruckpuder bestäubt. Marlene studiert den Spurensicherungsbericht: Die Türklinke auf der Seite zur Kneipe war mit vielen Fingerabdrücken übersät, die man nicht verwerten konnte. Der Knauf an der Seite zum Treppenhaus wies Abdrücke von Ina und Arno Brendel und Mike Dennemann auf. Nichts, was Marlene weiterhilft.

Marlene liest Dirk Bronnens Aussage über den Einbruch: „Ich hatte gerade den Spielautomaten aufgebrochen, als ich jemanden durchs Treppenhaus herunterkommen hörte. Ich bin sofort abgehauen. Ich habe nicht mehr gesehen, wer da gekommen ist."

Marlene Kemper schiebt sich ein Pfefferminzbonbon in den Mund. Sie glaubt Dirk, weil sie ihm so einen kaltblütigen Mord nicht zutraut. Sie blättert weiter in der Akte und stößt auf die Liste der Dinge, die man in den Taschen von Arno Brendels Schlafanzug und seines Morgenmantels gefunden hat: ein Taschentuch, ein paar Baldriantabletten.

Marlene lehnt sich zurück und schließt die Augen. Es ist schon spät. Vom Gang vor ihrem Büro dringen die Schritte der wenigen Menschen herein, die um diese Zeit noch im Präsidium arbeiten. Sie hat im Lauf der Zeit gelernt, sie zu unterscheiden: das gemächliche Schlendern des Mannes vom Wachdienst, die schnellen Schritte der jungen Frauen von der Putzkolonne und die quietschenden Turnschuhe ihres Assistenten Krüger. Im nächsten Moment klopft es, und Krüger steckt den Kopf durch den Türspalt. „Überstunden?"

Marlene nickt. „Mir geht der Fall Brendel nicht aus dem Sinn. Ich fahre gleich noch einmal ins ‚Alte Eck'!"

* * *

Es ist kurz vor Mitternacht, als Marlene in das „Alte Eck" kommt. Die Kneipe ist fast leer. Ina bedient, Mike Dennemann steht hinter dem Tresen.

„Sie?", fragt Ina, als Marlene sich an einen Tisch setzt.

Die Kommissarin nickt. „Mike hat Ihren Vater umgebracht, nicht wahr?"

Ina wird blass. Ihr Tablett fällt zu Boden, die leeren Gläser zersplittern.

„Ihr Vater hat oben im zweiten Stock unmöglich die Geräusche des Einbrechers hören können", sagt Marlene. „Sie und Mike schlafen dagegen direkt über der Kneipe. Sie haben den Einbrecher gehört, nicht wahr? Mike ist hinuntergegangen; es waren seine Schritte, die Dirk Bronnen hörte und die ihn in die Flucht trieben. Dirk Bronnen floh, und dann hat Mike Ihren Vater heruntergelockt und ihn getötet. Er will die Kneipe haben, oder? Er will modernisieren, viel Geld verdienen."

Ina schluckt. Sie starrt hilflos zu Mike hinter der Theke. „Ich ... ich liebe ihn doch", stößt sie hervor. „Ich kann doch nicht ..."

„Er ist ein Mörder, das wissen Sie", sagt Marlene.

Mike kommt heran. „Verschwinden Sie!", fährt er Marlene an. Er will Ina zurückreißen. Doch die junge Frau wehrt seinen Griff ab. Sie sieht Marlene an. „Ja, er hat Vater getötet", flüstert sie. „Es war so, wie Sie gesagt haben... dauernd hat er auf Vater eingeredet, dass er ihm endlich die Kneipe übergeben sollte. Aber Vater wollte nicht ..."

Mike fährt herum und stürzt zur Tür. Doch da steht Nils Krüger und richtet seine Dienstwaffe auf ihn. „Sie sind verhaftet." Handschellen klicken.

Marlene nickt ihm zu. „Gut, dass Sie mitgekommen sind. Bringen Sie ihn ins Präsidium! Ich bleibe noch etwas hier." Sie setzt sich zu Ina, in deren Augen Tränen stehen.

„Wie haben Sie es herausgefunden?", fragt Ina leise.

Wie kam Marlene dem Mörder auf die Spur?

Marlene Kemper war aufgefallen, dass bei dem toten Arno Brendel kein Schlüssel für die Tür vom Treppenhaus zur Kneipe gefunden wurde. Brendels Schlüsselbund lag noch oben in der Wohnung auf dem Schuhschrank.

Weil aber die Kneipentür auf der Seite zum Treppenhaus einen Knauf hatte und deshalb nur mit einem Schlüssel geöffnet werden konnte, musste sie in der Mordnacht von einer anderen Person geöffnet worden sein. Dafür kamen nur Ina Brendel und Mike Dennemann in Frage. Ina Brendel allerdings schied als Täterin aus, weil sie kein Motiv für den Mord an ihrem Vater hatte und außerdem als Frau auch kaum kräftig genug gewesen wäre, ihn mit dem Seidentuch zu erdrosseln.

10

Die Tote im Bad

 Kommissarin Marlene Kemper beobachtet den Fotografen Richard Faber genau. Der Mann hat Angst, denkt sie. Aber wovor? In seinem Studio arbeitet die Mordkommission. In der Dusche wird die nackte Leiche des Fotomodells Linda Rüttger fotografiert.

„Ich habe sie so gefunden, als ich vorhin um vier Uhr von einem Fototermin heimkam", erklärt Faber.

Marlene Kemper geht kurz ins Bad, dort beendet der Gerichtsarzt gerade seine erste Untersuchung. „Schädelbruch durch eine Verletzung am Hinterkopf", sagt er und deutet auf das nasse Haar der Toten. „Entweder ist sie beim Duschen gestürzt, oder jemand hat sie mit einem stumpfen Gegenstand niedergeschlagen." Marlene Kemper sieht sich um.

* * *

Als Marlene in Fabers Studio zurückkehrt, trifft sie dort Ellen Martin, eine überschlanke Brünette, Fotomodell wie Linda und, wie sie sagt, deren beste Freundin. Ellens Frisur ist ein hochgetürmtes Kunstwerk, das von mindestens einer halben Dose Haarspray zusammengehalten wird.

„Schrecklich!", murmelt Ellen. „Linda und ich waren heute Vormittag noch zusammen beim Friseur. Sie hat sich die gleiche Frisur machen lassen wie ich. Linda war ganz begeistert von der Kreation, die sich unser Meisterfigaro hat einfallen lassen." Sie rückt kokett eine Haarsträhne zurecht. „Immerhin hat die ganze Sache auch jede von uns 150 Mark gekostet. Ich habe Linda dann kurz vor vier hier bei Richards Studio abgesetzt. Sie war mit Richard verabredet."

„Beruflich?", bohrt Kommissarin Kemper bei dem Fotografen. „Oder privat? Hat sie einen Schlüssel zum Studio gehabt?"

Faber nickt. „Linda und ich waren ein Paar. Wie gesagt, als ich das Studio gegen vier betrat, hörte ich die Dusche rauschen. Als ich nach dem Rechten sah, fand ich Linda. Es muss ein Unfall gewesen sein."

Ellens Blick wird kühl, als sie das hört. „Es stimmte nicht mehr zwischen Richard und Linda", sagt sie zu der Kommissarin. „Linda wollte sich von Richard trennen, das hat sie mir beim Friseur anvertraut. Nur fürchtete sie sich vor seiner unbeherrschten Art."

„Unsinn!", braust der Fotograf auf. „Wenn Linda hätte gehen wollen, hätte ich sie gehen lassen."

„Wer's glaubt", meint Ellen schnippisch.

Marlene Kemper erinnert sich an die Angst, die sie vorhin in Fabers Blick gesehen hat. Jetzt weiß sie, dass es die Angst eines Mörders war, der seine Entdeckung fürchtet.

„Sie haben Linda umgebracht", sagt sie zu dem Fotografen. „Und dann versuchten Sie, es als Unfall beim Duschen darzustellen, indem Sie die Tote auszogen und ins Bad brachten. Bloß haben Sie dabei etwas Entscheidendes übersehen."

Was meint Marlene?

Lindas Unfall in der Dusche war vorgetäuscht, denn welche Frau, die erst kurz zuvor 150 Mark für eine neue Frisur ausgegeben hat, die ihr außerdem noch ausnehmend gut gefiel, stellt sich damit sofort unter die Dusche? Zumindest hätte sie die Duschhaube benutzt, die in Fabers Bad lag.

11

Nachteinsatz für Marlene

 Die Einsatzmeldung kommt kurz nach Mitternacht. „Einbruch, Rügener Straße 16", meldet die Funkzentrale. Kommissarin Marlene Kemper und ihr Assistent Krüger haben in dieser Nacht Bereitschaft im Kriminaldauerdienst. Fünf Minuten nachdem die Notrufzentrale die Meldung an sie weitergegeben hat, sind sie in einem Streifenwagen der Fahrbereitschaft unterwegs zum Tatort. Trotz der späten Stunde ist Marlene Kemper hellwach. Krüger dagegen gähnt ausgiebig. „Ich bin halt kein Nachtmensch, im Gegensatz zu Ihnen", entschuldigt er sich.

In der Rügener Straße wartet Ludger Kimmeskamp im Pyjama vor der Tür seines kleinen Münzladens. Die

Scheibe über dem Schloss ist eingeschlagen, die Scherben liegen im Laden.

„Ich wohne über dem Geschäft", sagt der alte Mann zu Marlene Kemper. „Vor ungefähr zehn Minuten habe ich etwas klirren gehört. Ich ging sofort hinunter, um nachzusehen." Er hebt die dürren Schultern. „Ich bin nicht mehr der Jüngste, deshalb hat es etwas gedauert. Als ich endlich unten ankam, war der Ganove schon weg."

Krüger hat sich unterdessen die Ladentür angesehen. „Jemand hat die Scheibe eingeschlagen und durch das Loch gegriffen, um den Riegel beiseite zu schieben." Er klaubt eine blutverschmierte Glasscherbe vom Boden im Laden. „Dabei hat er sich verletzt."

Kimmeskamp starrt unterdessen auf die leeren Münztabletts in seiner gläsernen Vitrine. „Meine wertvollsten Stücke hat er erwischt", murmelt er. „Zweiundzwanzig römische Goldmünzen." Dann kontrolliert er ein Schubfach im Verkaufstisch. „Auch das noch. Dem Gangster sind die beiden russischen Sonderprägungen in die Hände gefallen, die mir ein Kunde gestern zum Schätzen gegeben hat. Die Stücke sind fast 50 000 Mark wert."

„Hat außer Ihnen noch jemand von den beiden Münzen gewusst?" fragt Marlene Kemper. In ihrer Tasche sucht sie nach ihren Pfefferminzbonbons. Doch offensichtlich hat sie sie in der Eile im Präsidium vergessen.

„Mein Neffe Nick hat von den Münzen gewusst", sagt Kimmeskamp zögernd. „Nick ist kein unbeschriebenes Blatt. Er ist erst vor drei Monaten aus dem Gefängnis entlassen worden."

„Weswegen hat er gesessen?", fragt Krüger.

„Raub", murmelt Kimmeskamp. „Ich habe versucht, ihn auf die richtige Bahn zu bringen. Aber dann ist er an Franz

Rottkemper geraten. Der hat Nick eine Wohnung gegeben und ihn gelegentlich ein paar Besorgungen machen lassen." Der Münzhändler seufzt. „Ich nehme an, Sie kennen Rottkemper."

„Oh ja", sagt Marlene. Franz Rottkempers Verkaufsladen ein paar Straßen weiter ist eine gute Adresse für Einbrecher, die die Beute aus ihren Raubzügen zu Geld machen wollen. Bloß ist es Marlenes Kollegen vom Einbruchsdezernat bisher nie gelungen, ihm die Hehlerei nachzuweisen.

Eine halbe Stunde später klingeln Marlene Kemper und ihr Assistent Franz Rottkemper aus seiner Wohnung über seinem Laden. „Wir suchen Nick, den Neffen vom alten Kimmeskamp."

„Eine Etage höher", knurrt Rottkemper. „Hat er was angestellt?"

Während Krüger nach oben geht, bleibt Marlene Kemper bei Rottkemper. „Jemand hat Kimmeskamp vorhin seine wertvollsten Stücke geraubt", sagt sie. „Römische Goldmünzen."

„Römische Goldmünzen", meint Rottkemper herablassend. „Mit so etwas gebe ich mich nicht ab."

„Außerdem sind noch russische Sonderprägungen verschwunden", ergänzt Marlene.

Rottkemper grinst plötzlich. „An den beiden Stücken hätte ich schon eher Interesse."

Oben poltert etwas, und Marlene hört laute Männerstimmen.

Dann kommt Krüger herunter. Er bringt einen jungen Mann mit: Nick. Der Neffe des Münzhändlers blinzelt verschlafen. An seiner rechten Hand prangt ein frischer Verband.

„Ich habe ihn vorläufig festgenommen", erklärt Krüger. „Nick hat eben auch schon zugegeben, dass er bei seinem Onkel eingebrochen ist. Damit wäre der Fall wohl geklärt."

„Noch nicht ganz, Kollege", meint Marlene. „Herr Rottkemper, Sie sind ebenfalls festgenommen, weil Sie mit Nick unter einer Decke stecken und seine Beute als Hehler angenommen haben."

Wie kommt Marlene zu diesem Schluss?

Rottkemper sprach von den „beiden" russischen Münzen, obwohl Marlene die Anzahl nicht erwähnt hatte.

12

Erben will gelernt sein

„Marlenchen!" Von jedem anderen hätte Kommissarin Marlene Kemper sich das verbeten. Aber Robert Ackborn ist ihr Onkel, ein stattlicher Mann von Anfang sechzig mit kleinen Lachfältchen in den Augenwinkeln und schlohweißem Haar.

In seinem holzgetäfelten Anwaltsbüro scheint die Zeit stillzustehen. Dichte Vorhänge an den Fenstern dämpfen das Licht, neben der Tür tickt leise eine Standuhr. Hier hat Marlene früher viele Stunden verbracht. Sie ist nach dem Tod ihrer Eltern bei Robert Ackborn aufgewachsen, und er ist es auch gewesen, der sie immer in ihrem Entschluss unterstützt hat, zur Kriminalpolizei zu gehen.

„Du wolltest mich sprechen?" Marlene Kemper setzt sich. Onkel Roberts Anruf hat sie überrascht. Normalerweise holt sie sich bei ihm Rat und nicht umgekehrt.

Robert Ackborn blättert in einer Akte. „Es geht um Ernst Fitzner", sagt er dann. „Normalerweise nicht die Art von Klient, mit der ich mich abgebe..."

Marlene versteht. Fitzner hat sich in den letzten 20 Jahren mit rüdesten Methoden vom kleinen Bauunternehmer zum großen Immobilienhai gemausert. Vor einer Woche ist er erschossen in seinem Büro aufgefunden worden. Marlene hat die Ermittlungen geleitet und schnell den Täter gefunden – einen jungen Bauarbeiter, der sich für seine Entlassung hatte rächen wollen.

„Fitzner kam vor fünf Jahren zu mir", räuspert sich Robert Ackborn. „Er hatte gerade Marion Ocker geheiratet. Ich vertrat Fitzner damals gegen seine erste Frau Helga, die enorme Unterhaltsansprüche angemeldet hatte."

„Ich habe die Dame bei meinen Ermittlungen kennen gelernt", sagt Marlene.

„Helga hat jetzt ein Testament vorgelegt, das Fitzner angeblich gemacht haben soll", fährt ihr Onkel fort.

„Persönlich hat Fitzner bei dir keinen Letzten Willen hinterlegt?", fragt Marlene.

Ackborn schüttelt den Kopf. „Er dachte überhaupt nicht an den Tod. Deshalb war ich umso erstaunter, als Helga mir auf einmal dieses Schriftstück vorlegte." Er reicht Marlene die Klarsichthülle mit dem Dokument. „Formal erfüllt es unzweifelhaft alle Voraussetzungen für ein Testament."

Das Testament ist handgeschrieben, mit Kugelschreiber auf ein einfaches weißes Blatt. „Meiner ersten Frau Helga vermache ich die Hälfte meines Barvermögens und meine

Villa in der Nordstadt", liest Marlene. „Außerdem soll sie als Dank für die schönen Jahre, die sie mir geschenkt hat, das von Umberto Jaruzo entworfene Diamanten-Diadem bekommen. Meine Frau Marion erbt den Rest meines Vermögens einschließlich meiner Firmenbeteiligungen."

„Mein Gefühl sagt mir, dass es gefälscht ist", meint Robert Ackborn. „Aber ich habe keine Beweise. Helga sagt, Fitzner habe dieses Testament zwei Tage nach seiner Heirat mit Marion Ocker bei ihr hinterlegt. Die Villa in der Nordstadt ist allein schon mehrere Millionen wert. Fitzner hat sie vor sechs Jahren gekauft – einer seiner großen Immobiliencoups."

„Diese Helga lebt im Moment in einer Sozialwohnung und arbeitet als Kneipenbedienung", erinnert sich Marlene. „Mit diesem Testament würde sie im Handumdrehen zur mehrfachen Millionärin. Eine Genugtuung für die Niederlage, die sie im Streit um die Unterhaltszahlungen damals einstecken musste."

„Und auch ein Triumph gegen Fitzners zweite Frau Marion", meint ihr Onkel. „Nach dem Motto: Das arme Aschenputtel siegt doch noch über die reiche Prinzessin. Verstehst du, warum ich diesem Testament nicht traue?"

Marlene lächelt. „Nur zu gut. Aus der Mordermittlung weiß ich nämlich noch, dass Helga mit Michael Schmitz zusammenlebt, einem halbseidenen Hochstapler, dessen Spezialität falsche Unterschriften auf echten Schecks waren. Ihm wäre schon zuzutrauen, dieses ganze Testament in Fitzners Schrift abzufassen."

Eine weitere sorgenvolle Falte erscheint auf Robert Ackborns Stirn. „Ich habe Fitzners Frau Marion noch nicht von diesem Testament unterrichtet", erklärt er. „Ich wollte mir die Peinlichkeit ersparen, sie um die Heraus-

gabe des Diamanten-Diadems zu bitten, das laut diesem ...
Schriftstück hier an Helga gehen soll."

Marlene nickt, denn sie kann die Sorgen ihres Onkels
verstehen.

„Fitzner hat seiner Frau das Diadem zum fünften Hochzeitstag geschenkt", erinnert sich der Anwalt. „Ich war
selbst bei der kleinen Feier damals. Ein wunderbares
Stück, Einzelanfertigung des italienischen Schmuckdesi-
gners Jaruzo. Wert knapp 100 000 Mark."

Marlene pfeift leise.

„Du verstehst, dass ich wegen der Vermögenswerte, um
die es hier geht, dieses Dokument nicht einfach leichtfer-
tig für bare Münze nehmen darf."

„Absolut", sagt Marlene und erhebt sich. „Wenn du mir
das Testament kurz überlassen könntest, damit sich unsere
Kriminaltechnik einmal damit befassen kann?"

Ein enttäuschter Zug erscheint um die Mundwinkel des
Anwalts. „Willst du damit sagen, dass du es möglicher-
weise doch für echt hältst?", fragt er.

„Oh nein, es ist ganz klar eine Fälschung!", sagt Marlene. „Die kriminaltechnische Untersuchung wird nur die
konkreten Beweise dafür liefern. Die brauche ich, um
Helga und ihren sauberen Liebhaber verhaften zu können."

Der Anwalt sieht seine Nichte etwas verwirrt an. „Willst
du sagen, dass du junges Küken irgendetwas bemerkt
hast, was mir altem Fuchs entgangen ist?"

Was ist Marlene aufgefallen?

Wenn Fitzner das vorliegende Testament tatsächlich vor fünf Jahren, kurz nach seiner Hochzeit mit seiner zweiten Frau Marion,
geschrieben hätte, dann hätte er nicht das Diamanten-Diadem
erwähnen können, das er Marion erst zum fünften Hochzeitstag
geschenkt hat.

13

Marlene und das schwarze Schaf

 Nach einer halben Stunde muss Kommissarin Marlene Kemper sich eingestehen, dass man sie versetzt hat. Der, auf dessen Bekanntschaftsanzeige sie geantwortet hat, lässt sich nicht blicken.

Das noble Restaurant ist bis auf den letzten Platz besetzt. Es ist der Freitag nach Aschermittwoch, die Karnevalszeit ist gerade vorbei.

„Gestatten Sie?" Ein katholischer Priester in schwarzer Soutane deutet eine Verbeugung an.

„Bitte!", sagt Marlene einsilbig.

Kaum hat der Priester sich gesetzt, da bringt der Kellner auch schon die Speisekarten.

„Monsignore Bauer", stellt der Priester sich höflich vor und schlägt die Weinkarte auf. „Darf ich den Wein übernehmen?"

Marlene gestattet es. Sie bestellt gegrillten Seeteufel, der Monsignore wählt das Rinderfilet, das als Spezialität des Hauses gilt.

„Eine gute Mahlzeit hält Leib und Seele zusammen", erklärt er und widmet sich dem Filet.

Marlene mustert Monsignore Bauer. Der Priester ist braun gebrannt, hat dichtes blondes Haar und helle, blaue Augen. Er prostet ihr mit seinem Weinglas zu. „Ich bin auf der Durchreise", sagt er. „Morgen früh geht mein Flugzeug nach Rom. Wenn es mir vergönnt ist, werde ich die Gelegenheit haben, im Vatikan dem Heiligen Vater direkt von den Ergebnissen meiner Mission zu berichten. Ich habe in den letzten Monaten viele Gemeinden besucht und festgestellt, dass die Kirche den Kontakt zu den Gläubigen zu verlieren droht. Ich meine, dass man den Gläubigen wieder die Bedeutung christlicher Traditionen nahe bringen muss. Wir Priester müssen dabei natürlich Vorbilder sein. Sehen Sie, ich lebe streng nach den christlichen Bräuchen – und mache ich auf Sie den Eindruck eines weltfremden Spinners?"

Nach dem Dessert winkt Marlene dem Kellner wegen der Rechnung. Monsignore Bauer sucht in seinen Taschen. „Meine Geldbörse", murmelt er. „Sie ist verschwunden. Es müssen Taschendiebe gewesen sein."

„Das soll vorkommen", meint Marlene.

„Diese Situation ist mir furchtbar peinlich." Der Priester sieht Marlene flehend an. „Können Sie sich vorstellen, was es für ein Aufsehen gibt, wenn ich dem Kellner jetzt sagen muss, dass ich die Rechnung nicht begleichen kann? Dazu die Zeit, die es braucht, bis ich mich wieder mit Geld versorgt habe. Ich werde meinen Flug nach Rom versäumen."

Marlene schweigt.

„Ich wage es kaum, Sie zu fragen", fährt Monsignore Bauer fort. „Und ich versichere Ihnen, dass ich es Ihnen natürlich auf Heller und Pfennig zurückzahle – würden Sie meine Rechnung übernehmen?"

Marlene grinst. „Und vielleicht noch 50 Mark fürs Taxi zum Hotel, ja?", fragt sie.

„Das wäre nett!", sagt der Monsignore bescheiden.

„Nun ist aber Schluss", meint Marlene. „Sie sind ein Hochstapler, mein Freund, der sich mit dieser Tour als falscher Priester durchs Leben schnorrt."

Woher weiß Marlene das?

Am Freitag nach Aschermittwoch, also in der katholischen Fastenzeit, hätte ein wirklich so streng gläubiger Priester niemals Fleisch gegessen und Wein getrunken.

14

Eine feine Familie

 Der Hausarzt der alten Dame hat die Mordkommission gerufen. Doktor Röder nimmt Kommissarin Marlene Kemper vertraulich zur Seite, während der Gerichtsmediziner und die Spurensicherung sich im Schlafzimmer von Alexa Herder an die Arbeit machen.

„Frau Herder war 68 und recht gesund. Sie hatte nur ein Gallenleiden, deshalb hatte ich ihr verboten, Kaffee zu trinken. In letzter Zeit allerdings war sie oft wegen nervöser Störungen bei mir. Sie hatte wohl große Geldsorgen."

Das zu glauben fällt Marlene Kemper angesichts des großen alten Hauses und der teuren Einrichtung ziemlich schwer. Fest steht bis jetzt nur, dass Alexa Herder in der letzten Nacht an einem plötzlichen Herzversagen starb. Wie der hervorgerufen wurde, ist noch völlig unklar. Der Gerichtsmediziner der Mordkommission ist noch bei seiner Untersuchung. Weil das Kopfkissen zerknüllt neben dem Bett liegt, scheint es möglich, dass es jemand der alten Frau aufs Gesicht gedrückt hat, bis sie tot war. Marlene Kemper sieht sich auch genau an, was auf dem Nachttisch steht: eine benutzte Kaffeetasse, eine Zuckerdose, eine kleine Glaskaraffe, halb voll mit Milch, und ein Glas, in dem noch ein Rest Milch ist. Dann bittet sie den Chef der Spurensicherung: „Die Kaffeetasse hier bitte genau nach Fingerabdrücken und Giftspuren untersuchen. Ebenso den Zucker in der Zuckerdose, die Milchkaraffe und das Glas mit dem Milchrest."

Im Salon warten Hanne Freund, die Nichte der Toten, und Achim Herold, ein Neffe Alexas, auf die Kommissarin. Bei ihnen ist Gert Bergmann, ein pensionierter Finanzbeamter aus der Nachbarschaft. Er sagt: „Ich war ein guter Freund von Alexa. Sie vertraute mir in Geldfragen, und ich beriet sie auch in Steuersachen."

Marlene Kemper bemerkt sehr wohl, wie Hanne Freund bei diesen Worten die Lippen zusammenkneift. Sie hat heute Morgen um acht ihre Tante entdeckt und sofort den Hausarzt angerufen. Doch ehe Hanne Freund etwas sagen kann, meldet sich Achim Herold zu Wort: „Ich bin nur zu Besuch hier und habe nichts mit Tante Alexas Tod zu tun. Gestern Abend gegen neun bin ich angekommen und habe nur noch kurz mit Tante Alexa gesprochen, ehe sie um zehn zu Bett ging."

Hanne Freund bestätigt das. Sie sagt aber auch: „Achim hat sich seit zwei Jahren hier nicht mehr blicken lassen und auch sonst keinen Kontakt mehr zu Tante Alexa gehabt. Es ist schon seltsam, dass sie ausgerechnet jetzt stirbt, nachdem er hier aufgetaucht ist."

Marlene findet das auch. Doch um einen Mörder zu überführen, braucht sie Beweise. Sie wendet sich an Achim Herold: „Ihre Tante starb im Bett – haben Sie ihr vielleicht gestern noch eine Tasse Kaffee ins Schlafzimmer gebracht?"

„Aber nein", erwidert Achim. „Ich war müde und ging zu Bett. Sie können mir nicht anhängen, dass ich sie kaltblütig ermordet habe. Da müssen Sie sich schon an Hanne halten. Ich erinnere mich, dass Hanne gestern Abend noch in der Küche Kaffee gekocht hat. Vielleicht war der vergiftet."

Hanne wird blass. „Der Kaffee war für mich und Herrn Bergmann. Tante Alexa durfte wegen ihres Gallenleidens keinen trinken. Aber du hast dir doch eine Tasse von meinem Kaffee geholt, wenn ich mich richtig erinnere."

„Und in meinem Zimmer getrunken, ehe ich mich hingelegt habe", meint Achim.

Von Gert Bergmann erfährt Marlene Kemper, dass er am vergangenen Abend von acht bis halb neun im Haus war. Er hat angeblich Geldangelegenheiten mit Alexa Herold zu besprechen gehabt. „Alexa hatte sich gegen meinen ausdrücklichen Rat in eine sehr dubiose Investition eingelassen", sagt er. „Sie hatte ihr ganzes Vermögen riskiert und musste entdecken, dass sie einem Betrüger aufgesessen war. Sie fragte mich erst um Rat, als es zu spät war. Gestern musste ich ihr sagen, dass ihr Geld unwiderruflich verloren ist. Sie war quasi arm wie eine Kirchenmaus. Nicht einmal das Haus gehörte ihr noch, weil sie eine hohe Bankhypothek darauf aufgenommen hatte."

Achim Herold wird immer nervöser. Hanne Freund meint: „Tante Alexa hätte es dir heute schon gesagt, lieber

Achim, dass es bei ihr nichts mehr zu erben gibt. Sie wollte dir nur gestern den netten Abend nicht verderben."

Marlene ahnt, dass sie hier im Moment nicht weiterkommt. Sie geht noch einmal nach oben. Dort kann inzwischen der Chef der Spurensicherung mit Ergebnissen aufwarten: „Der Kaffee in der Tasse auf dem Nachttisch ist in Ordnung, nur die Fingerabdrücke auf der Tasse sind seltsamerweise abgewischt. Die Milch in der Karaffe ist ebenfalls in Ordnung, aber der Rest Milch im Glas enthält Strychnin."

Marlene Kemper fragt den Hausarzt, ob er weiß, wer Alexa Herders Erben sind. Der Arzt überlegt kurz, dann sagt er: „Hanne Freund und Achim Herold, soweit ich informiert bin. Andere Verwandte hatte sie nicht."

Marlene Kemper geht wieder nach unten und sieht sich die drei Anwesenden an.

„Einer von Ihnen, meine Herrschaften, wollte bei seiner Aussage besonders schlau sein, aber er hat dabei einen ganz gravierenden Fehler gemacht."

Was ist Marlene aufgefallen?

Alexa Herder wurde von ihrem Neffen Achim Herold vergiftet. Er hatte ein Motiv, weil er als Einziger nicht wusste, dass es bei seiner Tante nichts mehr zu erben gab. Er brachte seiner Tante die Milch und trank selbst eine Tasse Kaffee, als er bei ihr war. Marlene Kemper kam ihm auf die Spur, weil er bereits beim Verhör wusste, dass seine Tante vergiftet worden war, obwohl die Todesursache zu diesem Zeitpunkt noch unbekannt war.

15

Diskrete Ermittlungen

 „Es muss einer von uns gewesen sein." Die Erkenntnis kommt Rudolf Spor schwer von den Lippen. Kommissarin Marlene Kemper sitzt auf der Kante des schweren Ledersessels in Spors kleinem Arbeitszimmer und fühlt sich ungemütlich.

Nicht nur, weil sie eigentlich schon seit Mittwoch Urlaub hat, sondern auch, weil ihr Besuch in der modernen Zehn-Zimmer-Villa am Stadtrand inoffiziell ist. Oder besser: „informatorisch-beratend", wie Kriminaldirektor Degener es genannt hat, als er Marlene am frühen Sonntagmorgen aus dem Bett geklingelt hat. Marlene hofft nur, dass sie wegen dieses Falles nicht die Reise verschieben muss, die sie geplant hat.

„Spor ist ein guter Bekannter des Polizeipräsidenten", hat Marlenes Vorgesetzter herumgedruckst. „Und ehe er den Diebstahl an die große Glocke hängt, möchte er lieber erst einmal ..."

Marlene hat verstanden: Rudolf Spor, Besitzer der Spor-Mikrotechnik, will die Affäre so diskret wie möglich aus der Welt schaffen. Denn wer gibt schon gern vor aller Öffentlichkeit zu, dass er einen Dieb in der Familie hat.

Marlene schaut sich noch einmal den Brief an, den Spor am Morgen auf seinem Schreibtisch gefunden hat?

Der Industrielle hat genug Fernsehkrimis gesehen, um den Zettel in eine Plastikhülle zu stecken, damit mögliche Fingerabdrücke erhalten bleiben.

Der Brief ist mit einer Schreibmaschine geschrieben, deren ‚a' nach oben springt:

```
Ich habe die Unterlagen für den
Mikrochip.
Sie können Sie zurückbekommen,
wenn Sie bereit sind, meinen
Preis zu zahlen. Erwarten Sie
meine weiteren Anweisungen.
```

Marlene Kemper legt den Brief beiseite. „Eine klare Erpressung", meint sie. Durchs Fenster sieht sie draußen einen Zivilwagen der Kriminaltechnik vorfahren. Sie geht dem Beamten, der aussteigt, durch den Garten entgegen und gibt ihm den Brief. „Bitte eine Schnelluntersuchung. Bericht sofort telefonisch an diese Nummer!" Sie schreibt Spors Nummer auf einen Zettel.

Dann kehrt sie ins Haus zurück. Spor ist immer noch in seinem Arbeitszimmer. Vom Fenster aus hat er Marlene im Garten beobachtet. „Also", sagt sie zu ihm, „Sie haben in Ihrer Firma einen neuartigen Mikrochip entwickelt, der Heimcomputer wesentlich billiger und effektiver machen könnte. Gestern, am Sonnabend, haben Sie ein Exemplar des Chips und die Schaltpläne mit nach Hause genommen. Mit Ihnen sind übers Wochenende Ihre Frau Andrea, Ihr Sohn Frank und Ihre persönliche Referentin Anke Voss hier gewesen."

Spor nickt. „Und heute Morgen habe ich entdeckt, dass die Konstruktionsunterlagen und der Chip aus diesem Zimmer gestohlen worden sind. Statt der Pläne lag dieser dumme Erpresserbrief auf dem Schreibtisch." Spor seufzt. „Undenkbar, wenn die Pläne der Konkurrenz zugespielt werden. Die Entwicklungskosten liegen bei mehreren Millionen. Ich könnte Konkurs anmelden."

Marlene Kemper setzt sich wieder. „Warum sollte einer der drei den Chip stehlen und Sie erpressen?"

Spur schluckt. „Meine Frau verachtet mich und hätte sich schon längst scheiden lassen, wenn wir nicht bei der Heirat Gütertrennung vereinbart hätten. Sie würde beinahe mittellos auf der Straße stehen. Dann mein Sohn Frank. Student seit 22 Semestern und erfolgloser Schriftsteller. Sitzt nächtelang oben in seinem Zimmer und versucht sich am großen Roman des 20. Jahrhunderts."

„Und Frau Voss, Ihre ‚persönliche Referentin'?", fragt Marlene Kemper spitz. „Wie darf ich diese Bezeichnung verstehen?"

„Sie haben ja Recht", gibt Spor zu. „Eine perfekte Sekretärin und bis vor zwei Wochen eine hingebungsvolle

Geliebte. Nur hat sie jüngst versucht, aus unserem ... Verhältnis Kapital zu schlagen. Dummerweise habe ich ihrer ersten Forderung nachgegeben und ihr einen sündhaft teuren Ring geschenkt, Gold mit zwei Brillanten. Das war ein Fehler. Ich bin inzwischen fest entschlossen, sie zu entlassen."

Marlene Kemper erhebt sich. „Dann sehen wir uns einmal die Verdächtigen an."

* * *

Anke Voss ist wirklich eine sehr schöne Frau. Marlene Kemper mustert sie lange, bevor sie Andrea Spor und ihren Sohn Frank ins Auge fasst. „Ich will versuchen, den Dieb des Mikrochips zu finden, bevor es eine offizielle Affäre wird", sagt sie. „Sie wissen ja, was passiert ist."

Frank kichert ein bisschen kindisch vor sich hin. Anke Voss geht zur kleinen Bar und mixt sich einen Martini. Als sie am Glas nippt, sieht Marlene Kemper an ihrem linken Ringfinger einen teuren Goldring mit zwei Brillanten. An den Kuppen von Ring- und Zeigefinger von Ankes Hand entdeckt Marlene Brandblasen. „Haben Sie sich verletzt?", fragt sie.

„Gestern Abend, beim Grillen", erwidert Anke.

„Da waren die Pläne noch da", sagt Frank provokant. „Vater hat sich bis kurz nach sieben mit ihnen im Arbeitszimmer vergraben."

Spor nickt. „Ich habe noch ein paar Details daran geändert. Anschließend haben wir auf der Terrasse gegrillt."

„Bis gegen elf Uhr", sagt Andrea Spor und sieht an ihrem Mann vorbei aus dem Fenster. „Dann bin ich zu Bett gegangen."

Frank Spor erhebt sich. „Und ich bin noch bis zwei Uhr in eine Diskothek gegangen, weil ich mich nicht in Sachen einmischen wollte, die mich nichts angingen." Er geht zur Tür. „Wenn Sie mich brauchen: Ich bin in meinem Zimmer."

„Was meinte er mit seiner Bemerkung?", fragt Marlene Kemper Anke Voss und Rudolf Spor.

Die elegante „persönliche Referentin" kneift die Lippen zusammen.

„Wir hatten noch einen Streit über das Ende ihrer Tätigkeit", sagt Spor trocken. Seine Frau zuckt zusammen, und an ihrem Blick sieht Marlene Kemper, dass sie wohl mehr über das Verhältnis ihres Mannes mit Anke Voss gewusst hat, als dieser ahnte.

Marlene Kemper nimmt sich nachdenklich ein Pfefferminzbonbon und schiebt es sich in den Mund. „Würden Sie in Ihrem Arbeitszimmer warten?", bittet sie Rudolf Spor. „Ich möchte noch kurz mit Ihrem Sohn sprechen."

* * *

Frank sitzt in seinem Dachzimmer und hämmert mit zwei Fingern auf einer mechanischen Schreibmaschine herum.

„Was schreiben Sie?", fragt Marlene Kemper.

„Eine traurige Geschichte", sagt der junge Mann trocken. „Von einem reichen Mann, dem eine Erfindung gestohlen wird."

„Darf ich?"

Marlene zieht das Blatt aus der Maschine.

Der Dieb kam nachts, als alle
schliefen. Er schlich durch den
großen Garten der Villa, setzte
am Wohnzimmerfenster den Saug-
napf an und schnitt mit einem
Glasschneider ein kreisrundes
Stück aus der Scheibe. Im Haus
war es dunkel, alle schliefen.
Der Mann stieg durch das

Marlene Kemper gibt Frank das Blatt zurück. „Wann
kamen Sie gestern aus der Diskothek zurück?"

„Gegen zwei Uhr", erwidert Frank. „Im Haus war alles
dunkel und ruhig."

Marlene Kemper lässt ihn allein. Unten wartet Rudolf
Spor in seinem Arbeitszimmer schon mit dem Telefonhörer in der Hand. „Ein Anruf für Sie!"

„Kriminaltechnik", sagt der Beamte am anderen Ende.
„Der sichergestellte Erpresserbrief gibt kaum etwas her.
Geschrieben auf einer mechanischen Schreibmaschine
vom Typ XL. Die Anschläge sind sehr gleichmäßig, nur
die Buchstaben w, s, x, e, d und c sind schwächer ange-
schlagen. Außerdem bricht das ‚a' nach oben aus. Fingerabdrücke waren auf dem rauen Papier nicht mehr zu
sichern."

„Danke!" Marlene Kemper legt auf.

„Nun?", fragt Spor.

„Wie ich schon immer gesagt habe", meint Marlene
Kemper. „Jeder Verbrecher macht mindestens einen
Fehler. Ich kann Ihnen jetzt sagen, wer die Pläne des

Mikrochips gestohlen und den Erpresserbrief verfasst hat."

Wen meint Marlene?

Der Dieb des Mikrochips und Schreiber des Erpresserbriefes war Anke Voss. Als Sekretärin beherrschte sie das Zehn-Finger-Blind-System auf der Schreibmaschine, aber wegen der Brandblasen an Ring- und Mittelfinger ihrer linken Hand konnte sie die Buchstaben w, s, x, e, d und c nicht gleichmäßig anschlagen. Sie schrieb den Brief auf Frank Spors Maschine, als dieser in der Diskothek war.

16

Das Geheimnis der Totentafel

Natürlich hat sie sich den Urlaub verdient. Aber schon nach drei Tagen in dem Heidedorf wird es Marlene Kemper langweilig. Als sie dann bei ihrem Nachmittagsspaziergang nahe der archäologischen Grabungsstätte hinter den Hügeln die Polizeiwagen sieht, erwacht ihre Neugier. Unter den Polizisten, die zwischen den Wohncontainern und Gräben herumwieseln, erkennt sie eine hagere Gestalt im Trenchcoat. Marlene Kemper vergisst augenblicklich, dass sie eigentlich hier ist, um sich zu erholen. Sie steigt über einen Graben, in dem die frisch aufgeworfene Erde feucht glänzt, und eilt in das Lager: „Hallo, Beckmann!"

„Frau Kemper!" Hauptkommissar Beckmann ist überrascht. „Woher ..."

„Urlaub." Zwei Jahre lang ist Rüdiger Beckmann damals Marlenes Assistent gewesen, ehe er befördert und versetzt wurde. „Wer ist ermordet worden?"

Beckmann führt sie zu einem eingezäunten Areal, wo große, kunstvoll bearbeitete Steine lagerten, Fundstücke der Ausgrabung. Der Tote ist etwa 30 und lag zwischen den Steinen. „Andreas Grafschmitt, Aufsichtsbeamter beim Landeskonservator. Er war hier, weil Fundstücke aus der Ausgrabung gestohlen worden waren."

„Erschlagen?" Marlene hat die große Platzwunde an Grafschmitts Hinterkopf entdeckt.

„Mit einem Faustkeil", nickt Beckmann. „Die Tatwaffe lag neben der Leiche. Unser Arzt sagt, es ist zwischen halb zwei und zwei Uhr geschehen." Beckmann deckt den Toten wieder mit einem Laken zu. „Grafschmitt hat vor drei Tagen alle Grabungen hier gestoppt, weil Fundstücke gestohlen worden waren." Er deutet auf einen etwa 40 mal 60 Zentimeter großen und fünf Zentimeter tiefen Eindruck in der Erde. „Hier lag beispielsweise gestern noch eine so genannte Totentafel. Das sind verzierte Steine, mit denen unsere Ahnen die Gräber der Verstorbenen verschlossen."

Eine kräftig gewachsene Blondine in Gummistiefeln und derber Arbeitskleidung ist aus einem der Wohncontainer gekommen und reicht Beckmann ein Polaroidfoto. „Unser Archivbild der gestohlenen Totentafel."

Beckmann nickt. „Das ist Renate Grundt, die Leiterin der Ausgrabung", sagt er zu Marlene. „Sie hat Grafschmitts Leiche gegen 14 Uhr entdeckt und über ihr Funktelefon die Polizei gerufen. Wir waren gegen Viertel nach zwei hier, seitdem fahnden wir nach dem Mörder."

„Das ging aber fix", meint Marlene skeptisch.

Beckmann scheint ihren zweifelnden Blick zu bemerken. „Der Fall ist wirklich ganz einfach. Ralf Krause ist der zweite Archäologe des Teams. Er ist mit dem Kleintransporter des Lagers verschwunden. Renate Grundt hatte heute Vormittag mit dem Wagen im Ort einige Besorgungen erledigt und gab Krause die Schlüssel, als sie gegen 13 Uhr zurückkam. Dann ging sie in ihren Wohncontainer, um eine Aufstellung aller Grabungsfunde zu machen, die Grafschmitt von ihr verlangt hatte."

„Genau." Renate Grundt wendet sich an Marlene, weil sie sie wohl für Beckmanns Kollegin hält. „Kurz vor zwei hörte ich dann Krause mit dem Wagen fortfahren. Als ich wenig später aus dem Container kam, fand ich Grafschmitts Leiche, direkt neben dem Platz, wo unsere schönste und wertvollste Totentafel gelegen hatte. In Sammlerkreisen ist sie gut 15 000 Mark wert."

Marlene betrachtet den kunstvoll bearbeiteten, rechteckigen Stein. „Der muss doch ungeheuer schwer sein", meint sie.

„Genau 54 Kilo", sagt Renate Grundt.

An der Einfahrt des Lagers entsteht Unruhe, als zwei Uniformierte dort einen Kleintransporter hereinsteuern. Sie bringen Mike Krause mit, einen schlanken Burschen von Ende zwanzig. „Er wollte mit dem Transporter unsere Straßensperre durchbrechen", erklärt der Streifenführer. „Diese Totentafel, die Sie suchen, hatte er allerdings nicht im Wagen."

Krause starrt auf die zugedeckte Leiche. „Ist das Grafschmitt?"

Beckmann nickt.

„Grafschmitt ahnte, wer hier Fundstücke stahl und verkaufte", stößt Krause hervor. „Ehe ich heute Mittag wegfuhr, sagte er noch, dass er den Täter bald überführen würde. Der Grabungsstopp würde bald aufgehoben." Er sieht Renate Grundt an. „Seltsam, dass er gleich danach erschlagen wurde, nicht wahr?"

Die Grabungsleiterin läuft rot an. „Unverschämtheit." Sie wendet sich an Kommissar Beckmann. „Er brachte Grafschmitt um, weil der ihm auf die Spur gekommen war. Nach dem Mord hat er sich mit der Totentafel aus dem Staub gemacht." Sie senkt vertraulich die Stimme. „Grafschmitt hatte mir anvertraut, dass auch schon bei anderen Grabungen, an denen Krause beteiligt war, Fundstücke verschwunden sind."

Marlene zieht Beckmann zur Seite. „Hast du nach der Totentafel suchen lassen?", fragt sie.

„Natürlich. In den Wohncontainern und der Umgebung des Lagers. Ohne Ergebnis. Krause muss sie auf seiner Flucht irgendwo abgeladen haben, ehe er uns in die Falle ging. Der Transporter war der einzige Wagen im Camp und damit auch die einzige Möglichkeit, die 54 Kilo schwere Platte irgendwie weiter als ein paar Meter fortzubringen."

„Das ist vielleicht eine etwas voreilige Schlussfolgerung, Kollege", mahnt Marlene und holt ihre Pfefferminzbonbons heraus.

Beckmann bedient sich grinsend, als sie ihm eins anbietet. „Aber Krause ist ganz klar Grafschmitts Mörder", meint er. „Er hat sich eben selbst verraten, als er erwähnte, dass Grafschmitt erschlagen wurde, obwohl die Leiche zugedeckt war."

„Der Mörder ist er", gibt Marlene zu. „Aber die Totentafel hat Renate Grundt beiseite geschafft. Krause war als

Mörder verdächtig, da hat sie ihn gleich als Sündenbock für ein kleines Geschäft benutzt, das sie nebenbei machen wollte."

„Ah ja?", knurrt Beckmann. „Dann sag mir doch, wo die Platte ist!"

„Aber gern", sagt Marlene.

Wo ist die Totentafel?

Renate Grundt vergrub die Totentafel wieder am Ausgrabungsort. Marlene Kemper hatte die frisch aufgeworfene Erde bemerkt, als sie das Archäologencamp betrat, obwohl doch seit drei Tagen alle Grabungen ruhten.

17

Mörder trauern nicht

Die Ruhe des verschlafenen kleinen Dorfes in der Heide hilft Marlene Kemper, ihren Urlaub zu genießen. Als sie an diesem Morgen im Gastraum der kleinen Pension frühstückt, sieht sie durchs Fenster hinaus auf den Friedhof, wo sich eine kleine Trauergemeinde an einem offenen Grab versammelt hat.

„Der alte Gottfried Scholz hatte vorgestern einen tödlichen Unfall", sagt Marietta Offergeld, die gutmütige Wirtin der Pension. „Unser Doktor Platzke hat es mir erzählt. Der alte Scholz ist nachts gegen 22 Uhr in seinem Haus die Treppe hinuntergestürzt. Er war sofort tot."

Marlene hat die große alte Villa des alten Scholz bei ihren Spaziergängen gesehen – ein düsteres Gebäude auf einer Hügelkuppe. Am Grab auf dem Friedhof stehen eine hoch gewachsene, schlanke Frau in einem eleganten schwarzen Trauerkostüm und einem Hut mit schwarzem Schleier neben einem jungen Mann in einer dunklen Tweedjacke und Jeans. Beide haben langes blondes Haar und ähneln sich in den Gesichtszügen.

„Ulla und Ulrich, die Kinder des alten Scholz", erklärt Marietta Offergeld. „Sie leben in Hamburg und sind gerade erst hier angekommen, als ihr Vater seinen Unfall hatte." Die Wirtin kneift die Lippen zusammen. „Eigentlich hätten sie für alle erwachsenen Leute im Dorf hier einen Leichenschmaus im ‚Heidekrug' ausrichten müssen", fährt sie fort. „So will es der alte Brauch. Aber weder Ulla noch Ullrich haben seit dem Tod ihres Vater die Villa verlassen."

Marlene sieht wieder zum Friedhof hinüber. Ulla Scholz in ihrem schwarzen Trauerkostüm wirkt gefasst, während ihr Bruder Ulrich sichtlich mit den Tränen kämpft.

„Ein passabler Schauspieler, nicht wahr?", fragt auf einmal eine Stimme neben Marlene. Die Kommissarin hat nicht gehört, wie Polizeiobermeister Bärschneider vom örtlichen Polizeiposten auf seinen morgendlichen Kaffee hereingekommen ist. Marlene hat vor ein paar Tagen im „Heidekrug" ein wenig mit ihm gefachsimpelt.

„Die beiden sind die Erben ihres Vaters", knurrt Bärschneider. „Es geht um mehrere Millionen Mark. Nach dem Treppensturz des alten Scholz habe ich mich in der Villa ein wenig umgehört. Zur Unglückszeit war außer dem alten Scholz, Ulla und Ulrich nur die Köchin dort. Die erzählte von einem Streit des alten Scholz mit seinen

Kindern. Ulrich und Ulla verlangten, dass ihr Vater ihnen einen Teil ihres Erbes im Voraus auszahlte."

„Vermuten Sie etwa, dass der alte Scholz ermordet wurde?", fragt Marlene.

Bärschneider nickt. „Von der Köchin habe ich noch erfahren, dass Ulla sich wohl mit ihrer Boutique in Hamburg ziemlich verschuldet hat. Ulrich soll sich mit ein paar Börsengeschäften verspekuliert haben. Und Doktor Platzke meint, dass der alte Scholz mit seiner eisernen Gesundheit noch 20 Jahre hätte leben können."

„Haben Sie einen Beweis, dass einer der beiden den alten Scholz die Treppe hinuntergestoßen hat?", fragt Marlene.

Bärschneider hebt die Schultern. „Nur einen Verdacht, deshalb habe ich im Dorf nichts verlauten lassen. Doktor Platzke hat einige lange blonde Haare in der Faust des Toten entdeckt. Ich habe sie mit ein paar Vergleichshaarproben von Ulla und Ulrich, die mir die Köchin besorgt hat, zur Untersuchung aus kriminaltechnische Labor der Kreisstadt geschickt. Eben sind die Ergebnisse durchgekommen. Ich weiß jetzt, wem der alte Scholz im Todeskampf die Haare ausriss."

„Es war Ulla, nicht wahr?", fragt Marlene.

Wie kommt Marlene zu dieser Schlussfolgerung?

Ulla Scholz stand in einem kompletten Trauerkostüm am Grab ihres Vaters – obwohl sie seit dem Tod die Villa nicht verlassen hatte. Das konnte nur bedeuten, dass sie die Trauerkleidung zum Besuch bei ihrem Vater mitgebracht hatte – weil sie wusste, dass sie sie brauchen würde, nachdem sie ihren Vater getötet hatte.

18

Besuch nach Dienstschluss

Kommissarin Marlene Kemper mustert das große Haus der Speerschneiders, ehe sie den schweren Messingklopfer an der Tür betätigt. Nach zwei Wochen Urlaub fühlt sie sich richtig erholt und fragt sich, was wohl hinter dem Anruf steckt, den sie heute Mittag im Präsidium erhalten hat.

Ein livrierter Diener öffnet. „Herr Speerschneider ist nicht anwesend", näselt er.

„Mein Name ist Kemper", sagt die Kommissarin. „Herr Speerschneiders Sohn Lutz hat mich eingeladen. Bitte melden Sie mich an."

Der Diener bedenkt die Kommissarin mit einem abschätzigen Blick und verschwindet im Haus. Nach fünf Minuten kommt er mit einem jungen Mann zurück.

„Kommen Sie, Frau Kemper", sagt Lutz Speerschneider und führt die Kommissarin in den Wintergarten. Sorgfältig schließt er die Tür hinter sich und sagt: „Der Diener ist Vater treu ergeben. Er darf nicht erfahren, was ich Ihnen zu sagen habe."

„Sie sprachen am Telefon von Beweisen gegen Ihren Vater", beginnt Marlene Kemper diplomatisch. Bodo Speerschneider, der Vater von Lutz, ist einer der größten Investoren hier in der Gegend. In den letzten Jahren hat er ein halbes Dutzend Einkaufszentren, Großmärkte und Gewerbegebiete hochgezogen.

„Vater sieht sich gern als Unternehmerpersönlichkeit", meint Lutz mit einem angewiderten Zug um die Mundwinkel. „Aber im Grunde genommen ist er ein Gauner. Für seine Projekte hier hat er mit betrügerischen Angaben in seinen Anträgen mehr als zehn Millionen Mark an Subventionen vom Staat ergaunert."

Marlene Kemper seufzt. „Das ahnt jeder, aber man hat es ihm bis heute nicht beweisen können."

Lutz Speerschneider gibt der Kommissarin eine Computerdiskette. „Hier finden Sie die Beweise. Die Experten bei der Staatsanwaltschaft werden wissen, wie sie die Daten richtig auswerten müssen."

Marlene Kemper steckt die Diskette ein, sieht Lutz an und nimmt sich nachdenklich ein Pfefferminz. „Warum tun Sie das?"

„Damit mein Vater endlich einmal spürt, dass er mit seinen kriminellen Geschäften nicht immer durchkommt", sagt er. „Deshalb habe ich die Daten über Vaters Betrügereien vom Computer in seinem Arbeitszimmer kopiert.

Von einem Freund bei der Polizei habe ich dann Ihren Namen erfahren, Frau Kommissarin. Sie gelten als integere Kriminalbeamtin. Ich denke, Sie wissen, wie man meinem Vater mit meinen Unterlagen das Handwerk legen kann."

„Ich werde Ihre Informationen weiterleiten", verspricht Marlene Kemper. „Wenn sie stichhaltig sind, wird ein Ermittlungsverfahren eingeleitet. Mehr kann ich nicht versprechen."

Gemeinsam mit Lutz Speerschneider verlässt die Kommissarin den Wintergarten. Der Hausdiener bringt sie zur Tür. „Auf Wiedersehen, Frau Kommissarin", näselt er zum Abschied.

Marlene Kemper sieht ihn an. „Sie kommen mit aufs Präsidium."

Der Diener zeigt kaum eine Reaktion. „Darf ich fragen, warum?"

„Sie haben mein Gespräch mit Lutz Speerschneider belauscht, und ich möchte nicht, dass Sie seinem Vater erzählen, was wir besprochen habe", sagt Marlene Kemper.

Woher weiß Marlene das?

Marlene Kemper stellte sich bei ihrer Ankunft nur mit ihrem Namen und nicht als Kriminalbeamtin vor. Dennoch wusste der Diener beim Abschied, dass sie Kommissarin war.

19

Eine mörderische Affäre

Miriam Behrend führt Kommissarin Marlene Kemper durch den Garten hinterm Haus zu einem Pavillon. Die Vorhänge hinter den Fenstern sind zugezogen. „Mark ist tot, ich habe ihn eben gefunden", flüstert Luisa.

Marlene öffnet die Tür des Pavillons. Als sie in den dunklen Raum tritt, legt sich das Netz, das eine Spinne im Türrahmen gewebt hat, über ihr Gesicht. Angewidert wischt Marlene das Gespinst weg und sucht den Lichtschalter. Die Deckenlampe flammt auf, und als Marlene weiter in den Raum tritt, entdeckt sie hinter dem breiten Ledersofa Mark Ritter. Ein gut aussehender Bursche, Mitte zwanzig, braun gebrannt und sportlich. Er liegt auf dem Rücken, mit einer Schusswunde in der Brust. Marlene ist schon lange genug bei der Kriminalpolizei, um auch ohne Gerichtsarzt zu erkennen, dass der schöne Mark seit mindestens zehn Stunden tot ist.

Nachdem Marlene über Funk die Spurensicherung informiert hat, geht sie zu Miriam Behrend. Luisa und ihr Mann Gerold zählen zur besseren Gesellschaft in der Stadt. Gerold gehört eine Maschinenfabrik, Miriam lässt sich gern als Förderin der Künste mit jungen Schriftstellern sehen.

„Mark war ein begabter Schriftsteller", sagt Luisa. „Ich habe ihm den Gartenpavillon zur Verfügung gestellt, damit er hier arbeiten konnte. Gestern Abend sah ich ihn zum letzten Mal, als er mit uns aß. Heute Vormittag war ich beim Friseur, danach habe ich eingekauft und kam vorhin zurück. Ich wollte nach Mark sehen und ging in den Pavillon ..."

„Danach haben Sie gleich über den Notruf die Polizei gerufen?", fragt Marlene.

Miriam nickt. Ein schwerer Wagen rollt vor die Garage der Villa, Gerold Behrend steigt aus. Der Unternehmer nimmt die Nachricht vom Mord an seinem Hausgast scheinbar ungerührt zur Kenntnis. Doch der Blick, mit dem er seine Frau mustert, sagt Marlene mehr als tausend Worte.

„Mark interessierte Sie nicht nur als Schriftsteller?", hakt sie bei Miriam nach.

„Sie hatte ein Verhältnis mit ihm", knurrt Gerold. Miriam schluckt.

„Waren Sie eifersüchtig?", fragt Marlene Miriam Mann. „Haben Sie ihn erschossen?"

„Ich war nicht eifersüchtig", beteuert Gerold. „Zumal die Affäre zwischen Miriam und Mark ja wohl zu Ende ging. Gestern beim Essen haben die beiden sich nur noch angegiftet."

„Stimmt das?", fragt Marlene Miriam.

„Es war kein schlimmer Streit", sagt Miriam.

Gerold Behrend schnaubt nur verächtlich.

Marlene sieht Miriam Behrend an und meint: „Sie haben ihn getötet, Miriam! Letzte Nacht. Um den Verdacht von sich abzulenken, haben Sie eben selbst die Polizei angerufen und gemeldet, dass Sie die Leiche gefunden hätten."

Was ist Marlene aufgefallen?

Als die Kommissarin den Pavillon betrat, zerstörte sie das Spinnennetz im Türrahmen. Hätte Miriam wirklich die Leiche erst kurz vor ihrem Anruf bei der Polizei entdeckt – wie sie behauptete –, hätte sie dazu den Pavillon betreten müssen, und dabei wäre das Spinnennetz bereits von ihr zerstört worden.

20

Schnüffler fallen tief

Der Wind pfeift übers Dach, und Kommissarin Marlene Kemper sieht von der Dachkante 60 Meter in die Tiefe. Von hier ist Privatdetektiv Ingo Dreher hinuntergestürzt und direkt vor dem Haupteingang des Tremonia-Hochhauses aufgeschlagen. Neben Marlene fotografiert ein Spurensicherer die zerwühlte Kiesfläche. Zwei Fußspuren führen zur Balustrade, nur eine führt wieder zurück. Die Spur des Mörders.

* * *

Ingo Drehers Detektei liegt in der obersten Etage des Hochhauses. Außer einer blonden Sekretärin hat er keine

Mitarbeiter. „Dreher hatte Streit mit seiner Ex-Frau", vertraut die Blondine Marlene Kemper an. „Außerdem noch mit Herbert Ohlsen." Sie zögert. „Ohlsen war Regina Drehers Liebhaber, wegen ihm kam es zur Scheidung. Dreher wollte es Ohlsen heimzahlen und hat Ermittlungen angestellt, bei denen herauskam, dass Ohlsen in seiner Baufirma polnische Schwarzarbeiter beschäftigt. Das hat Dreher dann der Polizei und dem Gewerbeamt gemeldet. Regina Dreher hat ihrem Ex-Mann das nie verziehen. Und Ohlsen natürlich auch nicht."

„Und was geschah heute gegen 13 Uhr?", fragt Marlene. Laut Augenzeugenberichten ist Dreher gegen 13.03 Uhr vom Dach gestoßen worden. Die Leute vom Sicherheitsdienst des Tremonia-Hochhauses haben daraufhin alle Ausgänge gesperrt und seither niemanden mehr hinein oder hinaus gelassen.

„Dreher bekam kurz vor ein Uhr einen Anruf. Gleich darauf sagte er, dass er sich mit jemandem treffen müsse. Ich nahm an, dass er sich in der Cafeteria unten im Haus verabredet hatte. Dass er aufs Dach ging, habe ich nicht geahnt."

Marlene sieht auf die Uhr. Es ist kurz nach zwei. „Hatte Dreher für den Nachmittag noch Termine?"

Die Sekretärin blättert in ihrem Kalender. „Für 13.30 Uhr hatte sich Herbert Ohlsen sich angemeldet." Sie räuspert sich. „Ich habe vorhin Regina Dreher angerufen und ihr gesagt, was mit ihrem Mann geschehen ist", sagt sie. „Sie wollte umgehend vorbeikommen."

Unten vorm Haupteingang des Hauses hat man inzwischen Drehers Leiche abtransportiert. Marlene Kemper sieht eine attraktive brünette Frau aus einem Taxi steigen. „Ich bin Regina Dreher", erklärt die dem Posten an der

Tür. Sie darf passieren und steuert die Fahrstühle an, als ein kräftiger, dunkelhaariger Mann sie abfängt und in die Cafeteria neben dem Lift führt. Marlene folgt den beiden in die Cafeteria, durch deren Fenster man auf die Laderampen im Hinterhof des Tremonia-Hochhauses blickt.

„Ingo ist vom Dach gestürzt", sagt Regina zu dem Mann. „Und du hattest heute doch eine Verabredung mit ihm, um klare Verhältnisse zu schaffen. Sag, dass du nichts mit seinem Tod zu tun hast!"

„Ich habe nichts damit zu tun", beruhigt Ohlsen sie. „Ich war schon gegen ein Uhr hier und habe hier in der Cafeteria bei einem Kaffee gesessen, als ich sah, wie er da oben auf dem Dach an der Balustrade stand, mit den Armen ruderte und hinunterstürzte."

Marlene Kemper tritt zu Ohlsen und zeigt ihren Ausweis. „Sie sind wegen des Mordes an Ingo Dreher verhaftet!"

Was ist Marlene aufgefallen?

Herbert Ohlsen behauptete, aus der Cafeteria Drehers Todessturz an der Vorderfront gesehen zu haben. Doch die Cafeteria lag zum Hof hin, aus ihrem Fenster konnte man nicht die Straßenfront des Hochhauses sehen.

21

Marlene macht Überstunden

 Nach und nach ist auf den Fluren des Polizeipräsidiums Ruhe eingetreten. Der Abend ist gekommen und die Straßenlaternen auf dem Marktplatz, auf den Kommissarin Marlene Kemper von ihrem Büro aus schauen kann, flammen auf.

Marlene mag diese ruhigen Stunden nach Feierabend. Sie kann sich dann am besten auf die Fälle konzentrieren, die sie zu bearbeiten hat.

„Sie können ruhig gehen", sagt sie zu ihrem Assistenten Krüger. „Sicher wartet Ihre Freundin schon auf Sie."

Krüger grinst verlegen, weil inzwischen jeder im Präsidium weiß, dass er mit einer Kommissarsanwärterin aus dem Dezernat des Hauptkommissars befreundet ist. „Keine Eile", meint er. „Claudia ist für eine Überwachung eingeteilt und muss auch Überstunden machen. Wir treffen uns erst nachher." Er tippt auf die Akte, die er gerade studiert hat. „Das ist eine verdammt kniffelige Sache. Drei Zeugen haben den Täter gesehen – und jeder gibt eine andere Beschreibung."

„Zeugenaussagen sind immer problematisch", sagt Marlene und nimmt sich ein Pfefferminz. „Da fällt mir eine Geschichte aus der Zeit ein, als ich selbst noch Kommissarsanwärterin war. Ich war damals der Kriminalbereitschaft zugeteilt. Nachtdienst. Um 23.40 Uhr kam ein Notruf herein. Einbruch in ein Juweliergeschäft. Wir fuhren mit den Einsatzwagen hin und sahen uns die Bescherung an: Der große Hammer, mit dem jemand die Schaufensterscheibe des Ladens eingeschlagen hatte, lag noch zwischen den Glassplittern. Nach der Aussage des Juweliers fehlte Schmuck im Wert von 50 000 Mark aus der Auslage. Der Juwelier hatte seine Wohnung über dem Laden und war sofort heruntergekommen.

‚Keine zwei Minuten nach dem Splittern des Glases war ich hier', sagte er. ‚Aber vom Täter war nichts mehr zu sehen.' Er zeigte auf eine ältere Frau, die ein bisschen verschüchtert neben ihm stand. ‚Doch die Dame ist eine Zeugin. Sie stand keine dreißig Meter von hier auf der anderen Straßenseite. Ich habe sie sofort hergerufen.'

Die Dame war – Entschuldigung – eher ein Schlachtschiff vom Typ einer Margret Rutherford: weiter schwarzer Mantel, große unförmige Handtasche, Hütchen, weiße Locken und ein Mundwerk wie ein Wasserfall.

‚Es war ein junger Bursche', sagte sie. ‚Er kam ein bisschen schwerfällig die Straße entlang. Mir fiel auf, dass er das rechte Bein nachzog.'

Sie machte eine Pause, um den Effekt auszukosten, der nun folgte. ‚Vor dem Schaufenster hier blieb er stehen. Ich habe geahnt, dass er was vorhatte, deshalb bin ich in die Toreinfahrt gegangen, um ihn zu beobachten.'"

Marlene Kemper muss bei der Erinnerung an den Fall unwillkürlich lächeln. Dann fährt sie fort: „Wir gingen über die Straße, dann gut dreißig Meter weiter, bis wir die Toreinfahrt erreichten. Direkt vor der Einfahrt war eine Straßenlaterne, aber ihr Lichtschein erreichte die Einfahrt nicht.

‚Hier stand ich', sagte die Dame. ‚Und sah, wie der Bursche plötzlich einen Hammer unter seiner Jacke hervorholte und die Schaufensterscheibe einschlug. Es klirrte und die Schaufensterbeleuchtung flackerte, bevor sie ganz verlosch. Der Mann hat nur die besten Stücke aus der Auslage genommen, der war ein echter Kenner: Ringe, Diamantbroschen und die beiden doppelreihigen Perlenketten. Dann lief er weg. Im gleichen Moment kam der Juwelier aus dem Hauseingang neben einem Laden.'

‚Und Sie?', fragte ich.

‚Ich wollte zu ihm und ging nach vorn', sagte sie. ‚Da sah mich der Juwelier aber schon, weil ich ins Licht der Laterne geriet. Er kam herüber, um zu fragen, was ich gesehen hatte.' Sie zuckte mit den Schultern. ‚Und der junge Bursche ist inzwischen verschwunden.'"

Marlene zerbeißt ihr Pfefferminz und sieht Krüger an. „So weit also die Aussage der alten Dame. Der Juwelier bestätigte, dass er zuerst in ihre Richtung geblickt hatte, als er aus dem Haus kam, und sie dabei gesehen hatte."

„Und?", fragt Krüger. „So eine klare Aussage wünscht man sich doch als Kriminalist immer. Was haben Sie gemacht? Sie hatten eine perfekte Täterbeschreibung, mit der Sie sofort eine Ringfahndung auslösen konnten. Sie haben den Burschen sicher noch in derselben Nacht festgenommen."

„Ganz im Gegenteil", lächelt Marlene. „Ich habe die alte Dame verhaftet. Beim Erkennungsdienst stellte sich heraus, dass sie einschlägig wegen ähnlicher Einbrüche vorbestraft war. Sie hatte den Laden ausgeraubt und war nicht schnell genug davongekommen. Der Juwelier sah sie, und sie verließ sich darauf, dass man alten Damen keinen Raub zutraut. Deshalb spielte sie die ‚Augenzeugin' und hoffte, sich dann verdrücken zu können. Die Beute fanden wir in ihrer großen Tasche."

Was hatte Marlene bemerkt?

Die angebliche Zeugin behauptete, alles genau gesehen zu haben, und konnte sogar die gestohlenen Schmuckstücke beschreiben. So eine genaue Beobachtung hatte sie aber unmöglich machen können, denn die Toreinfahrt, von der aus sie das alles gesehen haben wollte, lag gut dreißig Meter entfernt vom Laden auf der anderen Straßenseite. Außerdem war es Nacht, und die Schaufensterbeleuchtung war ausgefallen.

22

Attentat auf einen Teddybären

„Natürlich hat Fräulein Schütz einen Schrecken bekommen", sagt Thomas. Mit dem ganzen Ernst seiner fünf Jahre sieht er Marlene Kemper an. „Sie ist am Fenster hingefallen."

Die Kommissarin betrachtet den großen Teddybären, den der Junge immer noch umklammert. Die Männer der Spurensicherung haben vorhin drei Projektile aus der Schaumstofffüllung seines Bauches geholt.

„Sie finden heraus, wer Mister Bär ermordet hat, ja?", fragt Thomas Frei. Schaumstoff rieselt aus dem Leib des Bären.

Marlene nickt. „Ich finde den Mörder von Mister Bär."

Thomas hat vor einer halben Stunde selbst die Polizei angerufen. Seine Mutter hat ihm beigebracht, dass man in Notfällen die 110 wählen soll. „Jemand hat meinen Bären erschossen", hat er weinend zu dem Beamten in der Einsatzzentrale gesagt.

Die Kommissarin betritt das Kinderzimmer. Eva Schütz liegt vor dem offenen Fenster auf dem Boden. Der Gerichtsarzt hat festgestellt, dass sie von einer Kugel ins Herz getroffen worden ist. Weil die Wunde nur wenig geblutet hat, glaubt der kleine Thomas immer noch, dass sein Kindermädchen vor Schreck ohnmächtig geworden ist. „Ich hab' hier gespielt", erklärt Thomas und zeigt auf ein Lego-Haus auf dem Boden. „Fräulein Schneider ist hereingekommen und hat das Fenster aufgemacht ... und dann hat es zweimal geknallt."

Marlene macht den Männern Platz, die Evas Leiche auf eine Bahre legen, um sie hinaus zum Wagen der Gerichtsmedizin zu bringen. Dann sieht sie aus dem Fenster und entdeckt drüben bei der Buschgruppe auf der anderen Seite des Gartens ihren Assistenten Nils Krüger. „Können Sie mal kommen?", ruft er.

* * *

„Die Tatwaffe", sagt Krüger gleich darauf zu seiner Chefin und deutet auf ein Gewehr, das zwischen den Büschen liegt. „Ich habe sie kurz untersucht — vermutlich keine Fingerabdrücke."

Marlene ruft die Männer der Spurensicherung, damit sie sich die Waffe genau ansehen. Dann sagt sie zu Krüger: „Sie holen mir jetzt Gernot Frei. Das ist der Vater des kleinen Thomas, er hat eine Werbeagentur in der City. Außerdem sagt der Junge, dass er noch einen Bruder hat. Der heißt Randolph, ist neunzehn Jahre alt und soll heute Morgen zum Tennisclub gefahren sein. Die Adresse werden Sie im Telefonverzeichnis der Freis finden."

* * *

Während Thomas in der Küche der großen Villa von einer Polizeibeamtin betreut wird, wirft Kommissarin Kemper einen Blick in das Zimmer des toten Kindermädchens. Eva Schütz ist eine sehr ordentliche junge Frau gewesen. In ihrem Sekretär findet Marlene die geordneten Auszüge ihres Girokontos. Außer den Gehaltsüberweisungen hat Eva Schütz seit einiger Zeit auch stets zwei Schecks über jeweils 500 Mark pro Monat eingelöst.

Als Marlene weiterstöbert, findet sie die Untersuchungskarte eines Arztes mit Hinweisen für werdende Mütter. Nach den Eintragungen zu schließen ist Eva Schütz im dritten Monat schwanger gewesen.

* * *

„Was habt ihr denn heute Morgen gemacht?", fragt Marlene wenig später Thomas, der mit einem Glas Milch am Küchentisch sitzt. „Und wo ist denn eigentlich eine Mutti?"

„Bei der Oma in München. Seit Samstag schon." Thomas dämpft vertraulich die Stimme. „Ich weiß ein Geheimnis."

„So?"

„Aber Mutti darf nichts davon erfahren", fährt der Junge fort. „Fräulein Schütz hat sich heute Morgen mit Muttis Farbe die Haare blond gemacht, gleich nachdem Vati zur

Arbeit gefahren ist. Aber es hat ihr gar nicht gefallen, wie sie aussah."

„Was hat sie denn sonst für Haare?", fragt Marlene.

„Na, rote wie Mutti", erklärt Thomas. „Wie Kastanien, sagt Vati immer."

„Dein Vati hat sich gut mit Fräulein Schütz verstanden?", fragt Marlene vorsichtig.

Thomas nickt. „Und Randolph auch. Randolph ist fast mein Bruder, weil ... Vati war schon mal verheiratet, bevor er meine Mutti getroffen hat, verstehen Sie?"

„Ich verstehe", nickt Marlene Kemper. „Wann sind denn dein Vater und Randolph heute aus dem Haus gegangen?"

„Vati ist um neun weggefahren, wie immer", erwidert Thomas. „Gegen zehn ist dann Randolph heruntergekommen. Er hat in der Küche was gegessen, als Fräulein Schütz schon gespült hat. Dann ist er gegen elf mit seinem Motorrad zum Tennisclub losgefahren."

„Randolph und Fräulein Schütz haben sich auch gut vertragen?", fragt Marlene.

Thomas nickt. „Manchmal ist er sogar in der Nacht noch zu ihr ins Zimmer gegangen", meint er. Plötzlich legt er die Hand vor den Mund. „Auweia, das war noch ein Geheimnis. Randolph hat mir verboten, überhaupt jemandem etwas davon zu sagen."

Marlene Kemper lächelt. „Ich erzähle es nicht weiter", verspricht sie und bietet Thomas ein Pfefferminz an. „Sag mal, hat dein Vati ein Gewehr?"

„Aber sicher", nickt Thomas. „Seit die Einbrecher hier waren. Es steht im Wandschrank."

„Wollen wir mal nachsehen?", fragt Marlene.

Während sie in die Halle gehen, zupft Thomas die Kommissarin am Ärmel. „Sie sagen Mutti bestimmt nicht, dass Fräulein Schütz sich von ihrer Haarfarbe genommen hat? Sie hat mir gesagt, dass sie sich die Farbe auch sofort wieder rauswaschen will, weil sie ihr nicht gefällt."

„Ich werde nichts verraten", verspricht Marlene und öffnet den Waffenschrank.

„Das Gewehr ist weg", sagt Thomas überrascht.

* * *

Ein halbe Stunde später kommt Nils Krüger mit Gernot Frei und dessen Sohn Randolph zurück.

„Für die Tatzeit haben alle beide kein Alibi", sagt er zu Marlene Kemper, als sie für einen Moment allein sind. „Gernot Frei hätte aus seiner Agentur genauso gut heimlich herfahren können wie Randolph vom Tennisclub."

Kommissarin Marlene Kemper geht in die Halle und mustert die beiden Männer.

„Was sind das denn für Methoden!", braust Gernot Frei auf. „Ihr Mitarbeiter trampelt wie ein Elefant in meine Agentur und beschuldigt mich des Mordes..."

„Ich habe nur gesagt, dass Ihr Kindermädchen erschossen wurde", stellt Nils Krüger richtig.

Randolph Frei blickt hinüber zum Waffenschrank, doch den hat Marlene Kemper vorhin vorsichtshalber wieder verschlossen. Familienbande! denkt sie. Sie werden beide zusammenhalten, selbst wenn einer von ihnen ahnt, dass der andere der Mörder ist. Da helfen mitunter nur rabiate Methoden, um solche Leute zum Sprechen zu bringen. Also sagt Marlene: „Fräulein Schütz hat Sie also erpresst. Alle beide, nicht wahr? Sie haben ihr jeden Monat einen Scheck über 500 Mark gegeben."

Randolph Frei spielt den beherrschten jungen Mann. „Sie war so falsch wie ihr blond gefärbtes Haar", sagt er. „Sie wusste eben, wie man aus einer heimlichen Liebschaft Kapital schlägt."

Marlene wendet sich an Gernot Frei. Er ist ein stämmiger Mann von Mitte fünfzig. „Und Sie haben ihr also auch einen Grund für eine Erpressung gegeben?", fragt sie ihn.

Frei schaut gelassen zur Decke. „Ich habe nun mal eine Schwäche für Rothaarige. Aber ich schieße nicht auf sie. Schon gar nicht, wenn mein Sohn mit im Zimmer ist."

Randolph produziert ein Grinsen. „Christa, Thomas' Mutter, ist auch eine Rothaarige", sagt er.

„Aber nur manchmal", meint Gernot. „Christa wechselt ihre Haarfarbe wie ihre Kleider."

„Hat Eva Schütz Ihnen gesagt, wer der Vater ihres Kindes war?", fragt Marlene plötzlich.

Die beiden Männer vermeiden es, die Kommissarin anzusehen.

„Das war doch der Punkt", sagt Gernot schließlich. „Sie spielte uns gegeneinander aus, indem sie behauptete, es selbst nicht zu wissen. Sie hat das Kind benutzt, um mehr Geld zu verlangen."

Randolph nickt. „Gestern Abend hat sie es uns gesagt. Ab nächsten Monat wollte 1 000 Mark pro Monat. Von jedem von uns. Wir haben noch die halbe Nacht überlegt, was wir tun sollten."

„Und zu welchem Ergebnis sind Sie gekommen?", bohrt Marlene.

„Jedenfalls nicht zu dem Entschluss, sie umzubringen", sagt Gernot Frei.

Thomas steht auf einmal in der Küchentür. Er hält immer noch seinen Teddy umklammert. „Wissen Sie schon, wer Mister Bär erschossen hat?"

Marlene Kemper nickt. „Ja, mein Junge, ich weiß jetzt, wer Mister Bär erschossen hat."

Wen hat Marlene im Verdacht?

Gernot Frei erschoss das Kindermädchen. Er erwähnte beim Verhör, dass Thomas im Zimmer war, als Eva Schütz erschossen wurde. Das konnte nur der Mörder wissen, weil weder Marlene Kemper noch ihr Assistent es vorher erwähnt hatten.

23

Ermittlung im Morgengrauen

 Halb fünf. Morgens. Kommissarin Marlene Kemper kämpft gegen die Müdigkeit. Vor ihr, auf dem Couchbett im Appartement 37C des Wohnblocks an der Heussallee, liegt Annika Finke, 25, frisch geschieden, tot.

„Eine Überdosis eines Blutdruckpräparates", sagt der Gerichtsarzt. „Das Medikament stammt von ihrem Hausarzt. Rezept und Dosierungsanweisung habe ich auf dem Schreibtisch gefunden."

„Mord!", schrillt die junge Frau neben Marlene Kemper los. Annikas Nachbarin und Freundin Ute Terstappen aus Appartement 37D hat gegen vier Uhr ein Poltern aus Annikas Appartement gehört und mit ihrem Schlüssel nach dem Rechten gesehen. Und deshalb muss sich Kommissarin Marlene Kemper jetzt um fünf Uhr morgens Utes Mordbeschuldigungen anhören. „Ihr Geschiedener hat sie auf dem Gewissen", erklärt Ute. „Ganz klar."

Die Kommissarin nimmt sich Annikas Schreibtisch vor. Das Dauerrezept für das Blutdruckmittel, ein Sparbuch mit zehn Mark, Auszüge für ihr überzogenes Girokonto. Mahnungen. In einer Federschale ein grüner Filzstift und zwei Kugelschreiber, sonst keine Schreibgeräte. Im Papierkorb zwei angefangene Briefe an ihren Geschiedenen: „Nico, wenn du mir kein Geld gibst, gehe ich zur Polizei", hat sie mit Kugelschreiber geschrieben.

Marlene Kempers Assistent Krüger schiebt einen blassen Blondschopf ins Zimmer. „Annikas Ex-Mann, Chefin!" Marlene hat ihren Kollegen vorhin losgeschickt, um Nico Finke zu holen. Annikas ehemaliger Gatte ist kein unbeschriebenes Blatt, wie Marlenes kurze Funk-Abfrage im Präsidium ergeben hat. Als gelernter Graveur hat er für ein paar Falschmünzer einmal die Platten für 100-Mark-Scheine graviert und ist deshalb für ein paar Jahre im Gefängnis gelandet.

„Er war heute hier", sagt Krüger. „Der Hausmeister hat ihn eben wieder erkannt. Nico verließ das Haus eine halbe Stunde nach Mitternacht."

„Mit Annikas Tod habe ich nichts zu tun", beteuert Nico Finke. „Sie war depressiv. Dauernd hat sie damit gedroht, sich umzubringen."

„Lügner!", mischt Ute sich ein. „Sie wollte Geld von dir. Sie wusste irgendwas über dich..."

„Die Kollegen vom Falschgelddezernat haben Sie ohnehin wegen der falschen Hunderter in Verdacht, die derzeit kursieren", sagt Marlene Kemper zu Nico. „Hätte

Annika uns den Beweis liefern können, dass Sie wieder die Platten graviert haben?"

„Unsinn!", sagt Nico.

Einer der Spurensicherer ruft die Kommissarin zu sich und zeigt ihr ein Blatt Papier. „Das lag zusammengeknüllt unterm Bett. Sieht aus wie ein angefangener Abschiedsbrief."

„Ich kann nicht mehr", liest Marlene. „Nico ist eben gegangen, er will mir nicht helfen..."

„Geschrieben nicht vor Mitternacht", erläutert der Spurensicherer. „Mit einem Füllfederhalter. Die Tinte ist noch nicht ganz ins Papier eingezogen."

Nico Finke ist hinter Marlene getreten. „Also doch Selbstmord", sagt er erleichtert.

„Nein, Mord!", meint die Kommissarin. „Sie haben genug Erfahrung als Fälscher, um die Schrift nachzuahmen. Ihre Frau hat diesen Brief heute Nacht nicht geschrieben. Ich denke, Sie haben ihr in einem Getränk die Überdosis ihres Medikamentes eingegeben und dann die Spur mit dem falschen Brief gelegt, um es wie Selbstmord aussehen zu lassen."

Wie kann Marlene das beweisen?

Auf Annikas Schreibtisch waren nur ein grüner Filzstift und zwei Kugelschreiber, aber kein Füllfederhalter, mit dem sie den Abschiedsbrief hätte schreiben können – also musste er von einer anderen Person stammen.

24

Zwei Frauen sind zu viel

 Die Nachbarin hat die Leiche entdeckt. „Der Schlüssel steckte außen an der Tür", sagt sie zu Kommissarin Marlene Kemper. „Da habe ich geahnt, dass mit Herrn Bernau etwas passiert ist."

Der Gerichtsarzt hat festgestellt, dass Philip Bernau gegen 9 Uhr morgens mit einem stumpfen Gegenstand erschlagen worden ist.

Als Marlene Kemper sich weiter mit der Nachbarin unterhält, erfährt sie, dass Philip Bernau sich in der vergangenen Nacht mit seiner Freundin gestritten hat.

„Um ein Uhr in der Nacht ist Monika Gerlach dann gegangen", sagt die Frau. „Diesmal hat sie ihn wohl für immer verlassen."

Marlene Kemper erfährt auch noch, dass Bernau ein „etwas loser Charakter" gewesen sei. Was auch immer das bedeuten mag, denkt Marlene.

„Er sagte, er sei Werbetexter", erzählt die Nachbarin unbeirrt weiter. „Aber meistens hat er von Monika Gerlachs Geld gelebt." Die Frau dämpft ihre Stimme. „Oder, wenn Monika ihm nichts mehr geben wollte, hat er sich von ihrer Schwester Sabine aushalten lassen. Deshalb hatten Monika und Sabine auch oft Streit."

Und weil sie eben eine sehr aufmerksame Nachbarin ist, kann sie der Kommissarin natürlich auch sagen, wo Monika und Sabine Gerlach wohnen. Marlene Kemper winkt ihren Assistenten Nils Krüger heran. „Rufen Sie die Damen an", sagt sie. „Sie sollen beide herkommen."

* * *

Im Gegensatz zu der Nachbarin kann der Hausmeister des Wohnblocks nicht viel von Bernau berichten. In seinem Büro sieht er in einem Aktenordner nach und reicht Marlene Kemper das Übergabeprotokoll, das Bernau beim Einzug ins Appartement 12B unterschrieben hat

```
Hausverwaltung Pfaff
Mieter: Philip Bernau
Wohnung: 12 B Einzug: 13.2.19..
Mietkaution: gestellt.
Wohnung besenrein übernommen.
Schönheitsreparaturen sind
Sache des Mieters.
```

```
Bei Einzug hat der Mieter
erhalten:
⊠ Hausordnung
⊠ Haustürschlüssel 2
⊠ Briefkastenschlüssel 2
⊠ Wohnungsschlüssel 2

Datum 1.2.199
Unterschrift: Philip Bernau
```

```
Hausverwaltung Pfaff
Mieter: Philip Bernau
Wohnung: 12 B
Zusätzlich zu den Schlüsseln
erhält der Mieter:
⊠ Wohnungsschlüssel 1
O Haustürschlüssel
O Briefkastenschlüssel
O Garagenschlüssel

Datum: 1.7.199
Unterschrift: Philip Bernau
```

Der Hausmeister sieht Marlene Kemper über die Schulter,
während sie die beiden Blätter studiert. „Wir haben eine
Schließanlage", erklärt er. „Die Schlüssel können nicht
beliebig beim Schlüsseldienst nachgemacht werden, sondern werden nur hier bei mir gegen Quittung ausgegeben.

Und die Mieter müssen uns informierem, wem sie ihre Schlüssel anvertraut haben." Er fördert aus einem zweiten Aktenordner eine weitere Bestätigung zutage, auf der Bernau unterschrieben hat, wem er die beiden Wohnungsschlüssel ausgehändigt hat: Monika Gerlach, bei seinem Einzug, Sabine Gerlach zwei Monate später.

„Hier hat eben alles seine Ordnung", erklärt der Hausmeister. „Sorgen Sie bitte dafür, dass alle drei Wohnungsschlüssel hier bei mir abgegeben werden. Die Wohnung soll so schnell wie möglich wieder vermietet werden."

„Natürlich", sagt Marlene trocken. „Schließlich muss ja alles seine Ordnung haben."

* * *

Mit dem Lift fährt Marlene wieder in die 12. Etage. Bernaus Wohnungstür ist geschlossen, ein Uniformierter hält draußen Wache. Der Schlüssel, der die Nachbarin so misstrauisch gemacht hat, steckt noch außen. Marlene Kemper schließt auf und bittet den Schutzpolizisten, in die Wohnung zu kommen. Sie zieht den Schlüssel von der Tür und schließt sie hinter dem Beamten, der zögernd mit hereingekommen ist.

Im Wohnzimmer arbeitet immer noch die Spurensicherung. „Wir fanden sieben Zigarettenkippen im Aschenbecher", berichtet einer der Beamten. „Fünf davon mit Lippenstift, zwei ohne." Dann präsentiert er den Inhalt von Bernaus Hosentasche:

ein Päckchen filterlose Zigaretten,

ein Einwegfeuerzeug,

ein Schlüsselbund mit Haus- und Wohnungsschlüssel,

Münzen (1 x zwei Mark, 1 x fünfzig Pfennig, 1 x fünf Pfennig, 1 x zwei Pfennig, 1 x ein Pfennig, also zwei Mark 58 in Münzen)

sowie ein kleiner goldener Kettenanhänger mit der Gravur „Monika".

In der Küche hat man inzwischen die Tatwaffe gefunden: Im Müll liegt eine schwere Kristallvase. Blutverschmiert.

Zwei Männer von der Gerichtsmedizin bringen Bernaus Leiche in einer Metallwanne hinaus. Als Marlene ihnen die Wohnungstür öffnet, steht eine blonde junge Frau vor ihr.

„Ich bin Monika Gerlach." Sie macht den Männern mit dem Sarg Platz und kommt herein. Marlene merkt sofort, dass Monika sich in der Wohnung auskennt. Die Kommissarin schließt die Wohnungstür wieder und folgt Monika in die Küche. „Sie haben es sicher von dieser neugierigen Nachbarin erfahren, dass ich gestern Streit mit Philip hatte", sagt sie.

Marlene Kemper nickt und erkundigt sich, worum es bei dem Streit gegangen ist.

„Ich habe mich von Philip getrennt, weil er hinter meinem Rücken ein Verhältnis mit meiner Schwester angefangen hatte", sagt Monika.

„Haben Sie ihn deshalb auch getötet?", fragt Marlene Kemper.

„Nein", erwidert sie. „Wie ist er gestorben?"

„Er wurde erschlagen", sagt Marlene Kemper nur.

Monika schüttelt sich. „Schrecklich", meint sie.

Jemand schließt die Wohnungstür auf, und gleich darauf kommt Nils Krüger mit einer jungen Frau herein, die Monika zum Verwechseln ähnlich sieht.

„Ich bin Sabine Gerlach. Ein Herr Krüger hat mich angerufen und hergebeten ...“ Sie steckt ihren Schlüsselbund ein. „Er hat gesagt, Philip sei ermordet worden ...“

Marlene Kemper nickt. „Sie hatten keinen Grund, ihn zu hassen?“

„Nicht den geringsten“, sagt Sabine. „Ich liebte ihn.“

„Tu doch nicht so“, meint Monika. „Du bist eifersüchtig gewesen – auf mich!“

„Schluss jetzt“, sagt Marlene Kemper. „Sie können mit dem Theater aufhören, meine Damen. Ich weiß inzwischen, wer Bernau erschlagen hat.

Wen meint Marlene?

Es gab drei Schlüssel für Philip Bernaus Wohnungstür. Einen hatte er selbst, jeweils einen hatte er an Sabine und Monika Gerlach gegeben. Bernaus Schlüssel war unter den Dingen aus seinen Hosentaschen. Sabine Gerlach schloss die Wohnungstür mit ihrem Schlüssel auf. Die Mörderin dagegen hatte ihren Schlüssel an der Tür vergessen: Monika Bernau.

25

Der steinerne Zeuge

 Kommissarin Marlene Kemper betrachtet das Goethe-Denkmal im Stadtpark. Jemand hat dem Dichterfürsten einen Zylinder aufgesetzt. Am Fuß des Denkmals liegt die Leiche von Ruth Bender. Sie ist letzte Nacht zwischen 23 und 24 Uhr erdrosselt worden.

„Kann ich meinen Zylinder wieder haben?" Ein junger Mann hat sich durch die Polizeiabsperrung gedrängt. Er heißt Carlo Falkenau und ist Schauspieler am Stadttheater. „Ich habe gestern Abend hier mit ein paar Kollegen mein neues Engagement gefeiert", erklärt er der Kommissarin. „Um halb elf haben wir angefangen. Es war etwas feucht-fröhlich, bis dann dieser Rentner auftauchte und rumschimpfte, weil ich den alten Goethe mit meinem Hut dekoriert hatte. Er wollte die Polizei rufen. Da haben wir uns aus dem Staub gemacht, gegen elf Uhr."

„Gegen elf hat tatsächlich jemand bei uns auf der Wache angerufen und sich über diese Feier hier beim Denkmal beschwert", meldet sich einer der Schutzpolizisten, die den Tatort sichern. „Wir hatten aber keine Streife frei, die wir hätten vorbeischicken können."

Marlenes Assistent Nils Krüger kommt herüber. „Ich habe die Adresse der Toten beim Einwohnermeldeamt abgefragt. Lerchenweg 19. Seit vier Monaten wohnt sie da."

* * *

Das Einfamilienhaus im Lerchenweg ist alt, aber gut erhalten. „Warnke" steht auf dem Klingelschild. Darunter klebt ein zweites Schild: „Ruth Bender". Eine junge Frau öffnet. Beate Warnke ist Ruths Schwester, sie lebt hier mit ihrem Mann Heinz. Im Wohnzimmer des Hauses lernt Marlene den kräftigen Maschinenschlosser kennen.

„Ruth wohnte seit vier Monaten bei uns", erklärt Beate, nachdem sie erfahren hat, was mit ihrer Schwester geschehen ist. „Unsere Mutter starb vor einem halben Jahr. Ihr gehörte dieses Haus hier, und in ihrem Testament vererbte sie es Ruth. Ich bekam nur meinen Pflichtteil. Ruth kam her und verlangte, dass Heinz und ich ausziehen sollten."

„Sie war ein ausgekochtes Biest", sagt Heinz Warnke heftig. „Es war ihr egal, dass ich arbeitslos bin und wir uns keine teure Mietwohnung leisten können. Ruth bestand darauf, dass wir das Haus zum nächsten Ersten räumten."

„Ruth ging gestern gegen halb neun weg, sie wollte irgendwo in die Disco", fährt Beate fort.

„Um zehn habe ich mich zu meiner Joggingrunde aufgemacht", erklärt Heinz Warnke. „Gegen Viertel vor zwölf kam ich zurück." Also hat weder er noch seine Frau Beate ein Alibi für die Tatzeit.

„Joggen bis Mitternacht?", fragt Marlene. „Führt Ihre Runde vielleicht auch durch den Stadtpark?"

„Zuerst durch den Stadtpark, dann zum See und schließlich hinter dem Wäldchen zurück."

„Manchmal läuft Heinz sie auch umgekehrt", bemerkt Beate.

„Aber nicht gestern", sagt Heinz.

„Ist Ihnen denn gestern auf Ihrer Runde etwas aufgefallen?", fragt Marlene ihn.

„Am Goethedenkmal hatte jemand dem Dichter einen Zylinder aufgesetzt."

„Wann war das?"

„Am Anfang meiner Runde, gegen zehn Uhr."

Marlene sieht Beate und Heinz an. „Ich weiß, wer von Ihnen gestern den Mord begangen hat", sagt sie.

Was ist Marlene aufgefallen?

Ruth Bender wurde von Heinz Warnke ermordet. Er behauptete, auf seiner Joggingrunde kurz nach zehn das mit dem Zylinder verzierte Goethedenkmal gesehen zu haben. Doch die Feier der Schauspieler begann erst um halb elf und endete abrupt gegen elf. Also musste Heinz erst danach bei dem Goethedenkmal gewesen sein – weil er nämlich seine Joggingrunde genau andersherum gelaufen war, als er angegeben hatte.

26

Ein Zufall zu viel

Der Einsatz läuft ab wie ein Uhrwerk. Punkt 12 Uhr stürmt Hauptkommissar Hassenkamp vom Rauschgiftdezernat mit seinen Leuten die Räume der „Skredzki Handelsgesellschaft" in der dritten Etage eines Bürohauses in der City.

Von dem kleinen Empfangsraum aus verteilen sich die Beamten nach links und rechts in die beiden schmucklosen weißen Gänge mit den Büros. Türen werden aufgerissen, Angestellte erstarren an ihren Schreibtischen. „Durchsuchung! Keiner rührt sich!"

Kommissarin Marlene Kemper und ihr Assistent Nils Krüger sind ebenfalls bei dem Einsatztrupp. Hassenkamp hat seine Kollegin gebeten, als Verstärkung mitzukommen.

Also sichert Marlene jetzt mit gezogener Waffe das Chefbüro am Ende des Ganges. Der Raum ist karg eingerichtet und unterscheidet sich in nichts von den anderen Büros, in denen Skredzkis Angestellte an ihren Computerterminals ihre Geschäfte abwickeln. In der Ecke des Büros steht ein großer Karton mit pinkfarbenen Plüschteddys.

Akten werden sichergestellt, die beiden Rauschgifthunde des Einsatzkommandos schnüffeln nach Drogen. Jakov Skredzki steht im Verdacht, mit dem Billigspielzeug, das er aus Polen importiert, Heroin und Kokain ins Land zu bringen. Ausgerechnet in seinem Chefbüro werden die Hunde fündig.

„Ein halbes Kilo Heroin", verkündet Hauptkommissar Hassenkamp zufrieden und zeigt Marlene einen der pinkfarbenen Plüschteddys aus dem Karton in der Ecke. Im aufgeschlitzten Bauch des Spielzeugs steckt ein Plastikbeutel mit dem Gift. „Skredzki importiert diese Tierchen über Warschau aus Kolumbien."

Jakov Skredzki kommt, bewacht von zwei Beamten, herein und bedenkt den Kommissar mit einem geringschätzigen Blick. Dann langt er nach seinem Funktelefon. „Sie gestatten, dass ich meinen Anwalt anrufe?"

„Den werden Sie auch brauchen", knurrt Hassenkamp.

Aus dem Empfangsraum der Firma dringen aufgeregte Stimmen. Marlene Kemper folgt Hassenkamp, der durch den Gang nach vorn stürmt, um nach dem Rechten zu sehen. Am Empfang steht Kriminalassistent Nils Krüger mit einem Uniformierten, und beide halten einen schmächtigen Burschen in einem modisch angeknitterten Leinenanzug fest. „Den haben wir auf der Straße unten aufgegriffen", erklärt Krüger. „Als er unsere Einsatzwagen sah, wollte er die Beine in die Hand nehmen ..."

„Henry, der Dealer", sagt Hassenkamp erfreut. „So ein Zufall! Du bist wohl einer von denen, die Skredzkis Drogen auf der Straße verkaufen?"

„Ich höre immer Drogen", kreischt Henry. „Ich kenne keinen Skredzki, und ich habe nichts mit Drogen zu tun."

„Aber ja, Henry", sagt Hassenkamp kühl. „Du bist unschuldig wie ein Baby."

„Ich wollte einen Freund hier in der Nähe besuchen", jammert Henry. „Mit dieser Skredzki-Firma hier habe ich absolut nichts zu tun. Ihre Leute haben mich festgenommen, als ich zufällig hier am Haus vorbeiging. In den Büros hier bin ich noch nie gewesen."

Hassenkamp nickt Krüger zu, dass er den Mann loslassen soll. „Wenn du noch nie hier warst, wird das Jakov Skredzki sicher bestätigen können."

„Natürlich!", verkündet Henry siegessicher und rückt sich sein Jackett zurecht. Dann stiefelt er vor Hassenkamp den rechten Gang hinunter bis zum letzten Zimmer und stößt die Tür zu Skredzkis Büro auf.

„Sind Sie Skredzki?", fragt Henry den Importeur, dem Hassenkamps Beamte inzwischen Handschellen angelegt haben. Skredzki nickt grimmig.

„Kennen Sie mich?", fragt Henry.

Skredzki schüttelt den Kopf. „Nie gesehen!"

Henry wendet sich triumphierend an Hassenkamp. „Das wäre es ja dann wohl gewesen!"

Marlene Kemper hat die ganze Szene verfolgt und sieht, wie ihr Kollege Hassenkamp zögert. Sie zieht ihn zur Seite. „Es ist doch ganz klar, dass Henry Skredzki kennt", sagt sie.

Wie kann Marlene das beweisen?

Obwohl Henry behauptete, noch nie in Skredzkis Firma gewesen zu sein, fand er auf Anhieb unter den gleich ausgestatteten Büros das von Skredzki am Ende des Ganges heraus.

27

Der letzte Besucher

 Alice Ahlsdorf, bekannte Galeristin und Kunst-
sammlerin, ist am Morgen des 10. Oktober von
ihrer Haushälterin tot in ihrer Villa gefunden
worden. Die Tote liegt über ihrem Schreibtisch,
eine Revolverkugel hat sie in die Brust getroffen.
„Tatzeit: letzte Nacht gegen 22 Uhr", sagt der
Gerichtsarzt zu Kommissarin Marlene Kemper. Marlene
entdeckt auf Alices Schreibtisch eine Schachtel Pralinen
und das Geschenkpapier, in das sie eingewickelt gewesen
ist. Nuss-Nougatmischung. Fünf Pralinen fehlen. „Aber
die Tote hat sie nicht gegessen", erklärt der Arzt.

Die Galeristin hat im Todeskampf ihr Tagebuch umklammert und mit ihrem blutverschmierten Finger ein

Zeichen auf das Geschenkpapier der Pralinenpackung gemalt. „Es erinnert an ein M", sagt der Gerichtsarzt. „Ein Hinweis auf den Mörder?"

Marlene Kemper nimmt sich Alices Tagebuch vor. Interessant sind die letzten Eintragungen:

„1. Oktober. Ich habe den Bericht des Rechnungsprüfers bekommen. Demnach hat Hans Mehse, mein Geschäftspartner in der Galerie, mich um 100 000 Mark betrogen. Ich werde ihm ein Ultimatum stellen, und wenn er mir das Geld nicht zurückzahlt, werde ich ihn anzeigen."

„2. Oktober Eine Überraschung: Mein Neffe Walter hat sich aus Hamburg gemeldet. Seit zehn Jahren haben wir keinen Kontakt mehr gehabt. Er schreibt, dass er mich gern einmal besuchen würde."

„4. Oktober: Hans Mehse fleht mich an, ihm Zeit zu lassen. Er kann das Geld nicht auftreiben. Doch ich bin hart geblieben, auch als Mehse plötzlich vor mir zusammenbrach. Akutes Zuckerkoma. Mehse ist genau wie ich Diabetiker. Durch die Krankheit ist er dem Stress nicht mehr gewachsen. Ich kenne das Phänomen. Als der Arzt bei mir vor drei Jahren den Diabetes festgestellt hat, musste ich mein ganzes Leben umstellen: strenge Diät, Insulinspritzen und absolut keine Süßigkeiten. Außerdem hat Walter angerufen. Er erzählte, dass seine Mutter vor einem Jahr gestorben ist. Also ist Walter jetzt mein einziger Verwandter und demnach auch mein Erbe. Er will mich besuchen."

„5. Oktober. Ich habe mir einen Revolver gekauft, denn Mehses Drohungen machen mir Angst. Als ich mit Walter telefonierte, habe ich ihm von Mehses Betrug erzählt. Walter hat mir zugestimmt, dass es gut war, mir die Waffe zu besorgen. Er wird mich am 9. Oktober besuchen."

„9. Oktober. Mehse kann nicht bezahlen. Also gehe ich morgen zur Polizei. Morgen Abend wird Walter kommen. Ich freue mich schon."

Das ist die letzte Tagebucheintragung. Marlene erkundigt sich bei Hans Mehse, was er am Abend des 9. Oktober getan hat. Er hat kein Alibi. Dann ruft sie in Hamburg bei Alices Neffen an. Walter ist schockiert, dass seine Erbtante ermordet wurde.

Er sagt: „Ich wollte sie am 9. Oktober besuchen, aber am Nachmittag hat mich eine fiebrige Erkältung erwischt, deshalb habe ich meine Tante gegen 21 Uhr angerufen und meinen Besuch verschoben." Ein Alibi hat er allerdings auch nicht. Kommissarin Marlene Kemper überlegt kurz, dann lässt sie sich einen Haftbefehl für den Mörder ausstellen.

Für wen?

Der Neffe Walter ist der Mörder. Er hat seiner Tante die Pralinen als Geschenk mitgebracht, weil er nichts von ihrer Zuckerkrankheit wusste, die erst vor drei Jahren bei Alice ausgebrochen war. Das Zeichen, mit dem Alice auf den Mörder hinweisen wollte, war nicht als M sondern, umgedreht, als W gemeint – wie Walter.

28

Der Mörder war pünktlich

Lindas Teestube. Weil es nur ein Lokal mit diesem Namen in der Nähe der Fabriketage gibt, in der man am Vormittag Tom Kesslers Leiche gefunden hat, nimmt Kommissarin Marlene Kemper an, dass sie am richtigen Ort ist.

„Ein Tee", sagt die Serviererin und stellt das Gedeck mit Zuckerschälchen und Zitronensaft vor Marlene auf den Tisch. Die Kommissarin schaut auf die alte Uhr über der Theke. Kurz vor 16 Uhr. Die Kommissarin fragt sich, wer von Tom Kesslers beiden Geschwistern wohl gleich erscheinen wird – und wie diese Person auf die Nachricht reagieren wird, dass ihr Bruder einem Verbrechen zum Opfer gefallen ist.

Die Kommissarin erinnert sich an die Aussage, die Kesslers Sekretärin vor ein paar Stunden gemacht hat, gleich nachdem sie die Leiche entdeckt und die Polizei verständigt hat: „Ich habe Kesslers Bruder Gisbert und seine Schwester Isolde gestern gegen 17 Uhr angerufen und sie in Kesslers Auftrag für heute, also Dienstagnachmittag, Punkt vier Uhr in Lindas Teestube bestellt."

Die Sekretärin hat die Leiche ihres Chefs am Morgen in dem Fabrikloft gefunden, das Tom Kessler auch als Wohnung gedient hat. Kessler war Spezialist für Computerprogramme. Einer jener Tüftler, die sich ganz und gar in ihre Arbeit vergraben können und deshalb bei ihren Mitmenschen oft als rücksichtslos oder egoistisch gelten. In seinem Loft hat er vergraben zwischen Computern und Disketten gelebt und alles, was mit der Geschäftsführung seiner Software-Firma zu tun hatte, seiner Sekretärin überlassen. Am Montagabend ist er zwischen 23 und 24 Uhr zwischen seinen zahllosen Computern erschossen worden. Die Spurensicherung hat weder an der Tür des Loftes noch an den Fenstern irgendwelche Einbruchsspuren finden können. Für Marlene Kemper ist damit klar, dass Kessler seinen Mörder selbst eingelassen haben muss. Oder, so überlegt sie, während sie ein Pfefferminz in den Mund schiebt, der Mörder hat einen Schlüssel besessen, mit dem er sich Zugang zu dem Loft verschafft hat, während Kessler über seinen Rechnerprogrammen brütete.

* * *

Die Zeiger der altertümlichen Wanduhr stehen auf Punkt vier, als das Glockenspiel über der Eingangstür der Teestube läutet. Ein sportlich wirkender Mann kommt herein und blickt sich suchend um. Er sieht dem Toten recht ähnlich – drahtig, schmales Gesicht, ein ausgeprägtes Kinn und dunkle, offen blickenden Augen.

„Gisbert Kessler?", fragt Marlene.

Der Mann nickt erstaunt. „Kennen wir uns?"

„Noch nicht", meint die Kommissarin. „Setzen Sie sich bitte."

Gisbert nimmt Platz und musterte Marlene lange. „Sind Sie Toms Freundin?"

„Nein!" Marlene holt ihren Dienstausweis aus der Handtasche und legt ihn auf den Tisch.

„Kriminalpolizei?" Gisbert runzelt die Stirn. „Ist Tom etwas zugestoßen?"

„Tom ist tot", sagt Marlene. „Haben Sie eine Ahnung, warum Ihr Bruder dieses Treffen hier arrangiert hat?"

„Familienangelegenheiten", sagt Gisbert knapp. Er scheint immer noch nicht ganz begriffen zu haben, was mit seinem Bruder geschehen ist. „Was ist Tom passiert?", fragt er schließlich.

„Er wurde ermordet", sagt Marlene. „Warum hatte er dieses Familientreffen arrangiert?"

„Ich will ehrlich sein", sagt Gisbert. „Es ging um einen Familienstreit. Tom hat nach dem Tod unserer Eltern das ganze Erbe verwaltet. Isolde und ich haben stets gedacht, er legt das Geld sicher an. Doch stattdessen hat er es in seine Firma gesteckt." Er zuckt mit den Schultern. „Er war kein Geschäftsmann und hat sich nie darum gekümmert, ob er mit dem Verkauf seiner Computerprogramme wirklich Gewinne machte. Wenn Sie sein Loft gesehen haben, dann verstehen Sie sicher, was ich meine. Dieses absolute Durcheinander, in dem seine Sekretärin nur mit Mühe Ordnung halten konnte."

Marlene nickt nachdenklich und schaut auf die alte Uhr. Es ist jetzt Viertel nach vier. „Ob Ihre Schwester noch kommt?"

Gisbert hebt die Schultern. „Bisher war Isolde immer da, wenn es um Geld ging", sagt er. „Sie war es im Grunde auch, die den Familienstreit vom Zaun gebrochen hat. Vor einem halben Jahr verlangte sie ihr Erbteil. Daraufhin musste Tom zugeben, was er mit dem Geld getan hatte."

„Und wie reagierte Ihre Schwester auf diese Nachricht?", erkundigt sich Marlene.

„Wütend. Was ich nur verständlich fand. Sie stellte Tom ein Ultimatum, das heute ablief. Bis dahin sollte Tom einen Vorschlag machen, wie er das Problem mit unserem Erbteil regeln wollte."

Marlene erinnert sich an den Vertragsentwurf, den sie auf Tom Kesslers Schreibtisch gesehen hat. Nach Angaben der Sekretärin hat Toms Anwalt ihn gestern, am Montag, gegen 15 Uhr hereingereicht. Nach diesem Entwurf hat Tom seinen Geschwistern als Ausgleich für ihre Geldforderungen die Teilhaberschaft an seiner Firma anbieten wollen.

„Haben Sie gestern noch mit Tom telefoniert oder ihn besucht?", fragt Marlene Gisbert.

Der zögert einen Moment, ehe er antwortet. „Zuerst meldete sich seine Sekretärin und bestellte mich für dieses Treffen hierher. Das war gegen 17 Uhr. Gegen 22 Uhr rief ich dann Tom an und fragte, wofür er sich denn nun entschieden habe. Ich wollte wissen, was heute hier auf mich zukommen würde. Tom gab sich wortkarg und erwähnte nur etwas von einer Teilhaberschaft. Ich sagte ihm, dass ich das niemals akzeptieren würde. Das war eine Taube auf dem Dach, die er anbot. Mir und Isolde aber war ein Spatz in der Hand lieber. Also Bargeld."

„Haben Sie danach noch mit Ihrer Schwester über diesen Vorschlag gesprochen?", fragt Marlene.

„Nein." Gisbert entspannt sich etwas. „Ich habe versucht, sie anzurufen, aber sie meldete sich nicht."

Marlene zerbeißt ihr inzwischen dünn gewordenes Pfefferminzbonbon. „Was geschieht jetzt in der ganzen Geldgeschichte, nachdem Ihr Bruder tot ist?", fragt sie.

„Isolde und ich sind seine beiden einzigen lebenden Verwandten – wir werden sein Erbe antreten", meint Gisbert nach einer Weile. „Isolde ist eine recht gute Geschäftsfrau, sie führt erfolgreich ein Maklerbüro. Sicher wird es ihr gelingen Toms Computerprogramme wesentlich Gewinn bringender zu verkaufen als er." Er macht eine Pause. „Seltsam", meint er dann. „Noch vor drei Tagen habe ich mit Isolde darüber spekuliert..."

„Und zu welchem Ergebnis kamen Sie?"

„Wir waren uns einig, dass wir Toms Firma verkaufen würden, um uns das erlöste Geld zu teilen."

„Es gibt da nur einen Schönheitsfehler", sagt Marlene. „Ich muss nämlich einen jetzt von Ihnen beiden verhaften, weil er Tom erschossen hat!"

Wen verhaftet Marlene und warum?

Marlene Kemper verhaftete Isolde Kessler, die Schwester des
Toten. Tom Kessler hatte seinen Bruder Gisbert und seine
Schwester Isolde zu dem Treffen in Lindas Teestube bestellen lassen, um die strittige Vermögensfrage zu besprechen. Doch nur
Gisbert erschien zu diesem Termin. Isolde kam nicht, obwohl sie
es gewesen war, die ihrem Bruder ein Ultimatum gestellt hatte, das
zu diesem Zeitpunkt ablief. Für Isoldes Nichterscheinen gab es nur
eine Erklärung: Sie wusste, dass Tom nicht kommen würde, weil
sie ihn bereits am Abend zuvor getötet hatte.

29

Mord beim Spätprogramm

Hoffentlich gibt das keinen Schnupfen!, denkt Kommissarin Marlene Kemper, als sie mitten in der Nacht vor der Jugendstilvilla aus dem Wagen steigt und der Regen sie sofort durchnässt. Ein Herbstgewitter tobt seit kurz vor Mitternacht. Der Anruf ihres Assistenten Nils Krüger, der zum Dienst in der Kriminalbereitschaft eingeteilt ist, hat Marlene um den verdienten Nachtschlaf gebracht.

Im Haus arbeiten Marlenes Kollegen von der Mordkommission. Nils Krüger ist dabei, die Kollegen von der Spurensicherung einzuweisen. Also kümmert sich Marlene um die Tote. Maria Ammer liegt im seidenen Nighty auf dem Diwan vor dem Fenster. Greta Ammer, Marias

Schwiegermutter, hat die Tote vor einer halben Stunde gefunden.

„Maria war mit meinem Sohn Bernd verheiratet. Er starb vor einem Jahr bei einem Unfall. Seitdem lebte Maria bei mir." Die alte Dame sagt das sehr kühl. „Maria, ich und Norbert Lehnert, unser Nachbar, haben heute Abend bis gegen halb zwölf zusammengesessen", fährt Greta Ammer fort. „Norbert verließ uns gegen halb zwölf. Ich ging zu Bett. Maria trug schon ihr Nighty, als sie es sich anders überlegte und sich noch den Spätfilm im Fernsehen anschauen wollte. Als ich gegen Mitternacht durch den Gewitterdonner aufwachte, machte ich einen Rundgang durchs Haus und fand sie..."

Vom Gerichtsarzt erfährt Kommissarin Kemper, dass Maria kurz vor Mitternacht mit einem Kissen erstickt worden ist. Sie sieht zu, wie die Tote in ihrem Nighty in der Leichenwanne der Gerichtsmedizin abtransportiert wird. Ohne die Tote wirkt der Raum jetzt fast idyllisch. Ein Spurensicherer meldet, dass man keine Einbruchsspuren an Türen und Fenstern gefunden hat.

„Hat Norbert Lehnert einen Schlüssel zum Haus?", fragt Marlene die alte Dame, während sie ein Pfefferminzbonbon auswickelt.

„Nicht von mir", sagt die alte Dame. „Obwohl ich den Verdacht habe, dass Maria ihm heimlich einen gegeben hat."

Norbert Lehnert wohnt in der Villa auf dem Nachbargrundstück. Marlene Kemper schickt ihren Assistenten Krüger los, um ihn herzuholen. „Sagen Sie ihm nicht, was passiert ist", schärft sie ihm ein. Dann fragt sie die alte Dame nach dem Verhältnis zwischen Lehnert und Maria.

„Norbert ist Anlageberater. Er hat sich um das Vermögen gekümmert, das Maria von meinem Sohn geerbt hatte", erzählt Greta Ammer. „Außerdem waren die beiden wohl ein bisschen verliebt. In letzter Zeit hatte Maria allerdings den Verdacht, dass Norbert mit ihrem Geld Geschäfte auf eigene Faust gemacht hat."

Kurz darauf kommt Nils Krüger mit Lehnert zurück. Beide sind klitschnass vom Regen, der immer noch herunterprasselt.

„Ich dachte, es wäre gut, Lehnerts Aussage sofort zu protokollieren", meint Krüger und blinzelt Marlene dabei zu. „Er war gestern Abend hier zu Gast und hat mit Maria gesprochen." Die Kommissarin versteht: Krüger hat Lehnert noch nicht gesagt, dass Maria tot ist.

„Ermordet?", fragt Lehnert fassungslos, als Marlene ihm erklärt, was geschehen ist. Er schluckt. „Als ich gegen halb zwölf ging, lebte sie noch."

„Waren Sie ein Liebespaar?"

„Wir waren Freunde", sagt er.

„Haben Sie sich an Marias Vermögen vergriffen?", bohrt Marlene.

„Das hat ihr doch die alte Dame nur eingeredet", sagt Lehnert. „Maria hatte mit ihrer Schwiegermutter Streit. Sie hat diese Villa von ihrem Mann geerbt und wollte, dass die alte Dame auszog. Die Beziehung zwischen den beiden war ziemlich gespannt."

Marlene zerbeißt ihr Pfefferminz. „Haben Sie einen Hausschlüssel?"

„Nein."

„Hätte Maria einem nächtlichen Besucher geöffnet?"

„Natürlich", meint Norbert Lehnert. „Es wäre ihr egal gewesen, dass sie schon ihr Nighty trug."

Marlenes Blick fällt auf den Diwan, und plötzlich ist ihr klar, wer der Mörder ist.

Wer?

Norbert Lehnert wusste, dass Maria im Nighty starb, ohne die Leiche gesehen zu haben.

30

Liebe ist kein Alibi

 Kommissarin Marlene Kemper lenkt den Dienstwagen langsam an den Villen vorbei, die hier draußen im noblen Erlengrund das Straßenbild bestimmen. Nummer 34 liegt etwas zurückgesetzt in einem ausgezeichnet gepflegten Garten. Eine Steinmauer begrenzt das Grundstück zur Straße hin, eine einspurige Einfahrt führt durch ein schmiedeeisernes Tor zur Garage neben dem Haus. In der Zufahrt parken hintereinander zwei Wagen. Vorn an der Garage ein luxuriöser Bentley, dahinter ein schnittiger roter Sportwagen.

Marlene Kemper lässt den Dienstwagen gerade am Straßenrand ausrollen, als das Funktelefon summt. Ihr Assistent Krüger meldet sich aus dem Gerichtsmedizinischen

Institut: „Eine Ergänzung zum Befund des Gerichtsarztes, Chefin", sagt er. „Der Tote hatte 1,9 Promille Alkohol im Blut. Außerdem haben wir jetzt auch endlich den Parkplatzwächter vom Golfclub auftreiben können. Er hat bestätigt, dass Erasmus Loewes Bentley-Limousine um 14.45 Uhr auf dem Parkplatz des Golfclubs stand."

„In Ordnung." Marlene Kemper hängt den Hörer ein. Dann steigt sie aus und geht zum Haus hinüber. Karolin Loewe, geborene Schmidtbauer, muss sie durchs Fenster beobachtet haben, denn als Marlene durchs Gartentor tritt kommt sie zur Haustür.

Sie führt die Kommissarin ins Arbeitszimmer ihres Mannes. Erasmus Loewe sitzt an einem Chippendale-Schreibtisch beim Fenster.

„Ich muss Ihnen einige Fragen stellen", sagt Marlene, nachdem sie ihren Dienstausweis gezeigt hat. „Sie haben sicher Verständnis..."

Morgen werden die Zeitungen voll sein von Nachrichten über den Tod von Peter Schmidtbauer. Mit seiner Schwester Karolin war er der Erbe der Schmidtbauer-Werke, die Erasmus Loewe seit seiner Heirat mit Karolin leitete.

Jetzt ist Peter Schmidtbauer tot. Seine Leiche ist vor wenigen Stunden im Sandbunker des Golfplatzes gefunden worden. „Er starb an einem Schlag mit einem stumpfen Gegenstand", hat der Gerichtsarzt nach seiner ersten kurzen Untersuchung festgestellt. „Und zwar gegen 15 Uhr.

Laut Reservierungsbuch des Golfclubs hat Schmidtbauer sich am Vortag telefonisch für 15 Uhr angemeldet. Um diese Zeit, das haben der Clubmanager und ein paar Angestellte der Kommissarin vorhin bestätigt, ist er auch mit seinem Motorrad auf den Clubparkplatz gefahren. Die Zeugen haben noch gesehen, wie er in den Umkleideraum gegangen ist. Gesprochen hat keiner mit ihm.

* * *

Erasmus Loewe erhebt sich und kommt Marlene Kemper entgegen. Er ist eine beeindruckende Erscheinung, ein großer, kräftiger Mann, der genau die Souveränität ausstrahlt, die man von einem Firmenchef erwartet. „Fragen Sie nur, Frau Kommissarin!" Er ist ebenso beherrscht wie vor einer halben Stunde, als Marlene Kemper ihn telefonisch von Schmidtbauers Tod informiert hat.

„Wie ... ist es denn eigentlich passiert?", fragt Karolin Loewe dazwischen.

„Ihr Bruder wurde erschlagen", erwidert Marlene knapp. Sie hat es nicht gern, wenn die Befragten gleich von Anfang an zu viel über die Umstände der Tat wissen.

„Erschlagen?" Karolins Augen weiten sich. „Auf dem Golfplatz?"

Marlene nickt. „Im Sandbunker. Kennen Sie die Stelle?"

„Nein", erwidert Karolin schwach. „Ich spiele kein Golf. Ich bin immer nur mit meinem Mann in dort gewesen."

„Der Sandbunker ist eine gefährliche Stelle." Loewes Stimme lässt keinen Schluss auf seine Gefühle zu. „Kann es nicht sein, dass er gestürzt ist, betrunken wie er war?"

Marlene Kemper schüttelt den Kopf. „Nein", sagt sie dann knapp. „Es war eindeutig Mord. Wie standen Sie eigentlich zu Ihrem Schwager?"

„Schlecht", gibt Loewe überraschend offen zu. „Peter und Karolin erbten gemeinsam die Chemiefirma ihres

Vaters. Ich führe das Unternehmen seit meiner Heirat mit Karolin. Peter war bis vor kurzem damit einverstanden, wie ich das tat. Doch vor vier Wochen verlangte er von mir eine Million als Abfindung. Es gab großen Streit, Karolin stand dabei natürlich auf meiner Seite. Peter unterstellte ihr daraufhin, sie habe ihn absichtlich zusammen mit mir um seinen Firmenanteil betrogen."

„Waren Sie heute im Golfclub?", wechselt Marlene Kemper abrupt das Thema. „Zeugen haben Ihren Bentley auf dem Parkplatz gesehen."

Loewe nickt. „Sicher war ich dort. Es gibt dort einen Gymnastikraum, da habe ich mich zwischen zwei und drei Uhr etwas fit gemacht. Kurz vor drei fuhr ich weg und kam gegen halb vier hier an."

Marlene Kemper rechnet kurz nach. Die Fahrt vom Golfclub bis zum Haus dauert mindestens eine halbe Stunde. Loewes Angaben scheinen also zu stimmen. Trotzdem hat die Kommissarin das Gefühl, dass etwas nicht richtig zusammenpasst. Automatisch greift sie in ihre Tasche und holt ihre Pfefferminzbonbons heraus. Dann wendet sie sich an Karolin: „Wo waren Sie zwischen zwei und halb vier, gnädige Frau?"

„Um zwei habe ich meinen Wagen aus der Werkstatt abgeholt", erwidert die Schwester des Toten. „Gegen drei war ich wieder hier daheim. Mein Mann kam genau um halb vier, das kann ich beschwören."

Kommissarin Marlene Kemper sieht sie lange an. Dann zerbeißt sie ihr Pfefferminz und sagt: „Ich muss jetzt leider Ihren Mann verhaften, Frau Loewe. Er hat Ihren Bruder umgebracht."

Karolin schreit auf. In Loewes Gesicht regt sich kein Muskel. „Wie kommen Sie auf diese abenteuerliche Idee?"

„Sie erwähnten, dass Peter Schmidtbauer betrunken war, als er beim Sandbunker auf dem Golfplatz seinem Mörder begegnete", sagt Marlene Kemper. „Mit dieser Bemerkung haben Sie verraten, dass Sie Peter auf dem Golfplatz getroffen haben. Niemand wusste bis dahin von Peters alkoholisiertem Zustand, ich selbst habe es auch erst kurz vor meinem Besuch hier bei Ihnen erfahren."

„Nein!", stammelt Karolin Loewe. „Erasmus ist unschuldig. Er war doch um drei Uhr hier. Ich kann das beschwören."

„Das wäre ein Meineid", sagt Marlene Kemper. „Denn es gibt einen ganz eindeutigen Beweis, dass Sie nicht vor Ihrem Mann hier waren und Ihr ganzes Alibi deshalb nichts wert ist."

Was meint Marlene?

Karolin Loewe behauptete, sie sei bereits um drei zu Hause gewesen, ihr Mann sei eine halbe Stunde später, um halb vier, gekommen. Doch auf der einspurigen Zufahrt des Hauses standen die Wagen der beiden in umgekehrter Reihenfolge: vorn Loewes Bentley, dahinter Karolins Sportwagen. Das bedeutete, dass sie nach ihrem Mann angekommen war.

31

Die Spur der Katzen

 Erika Kellner sind die Anstrengungen der letzten Tage noch deutlich ins Gesicht geschrieben. Dennoch betrachtet sie geduldig die Fotos, die ihr der Experte des Kriminaltechnischen Untersuchungsamtes vorlegt. Schließlich tippt sie auf eins der Bilder. „PUCHALLA Heizungsanlagen", sagt sie. „Ich erinnere mich genau. So eine Feuerung war in dem Keller, in dem man mich gefangen gehalten hat. Der Name stand unten auf dem Typenschild des Brenners."

„Das wird schwer", meint der Kriminaltechniker zu Kommissarin Marlene Kemper. „Der Hersteller ging vor zehn Jahren in Konkurs, die Anlagen werden nicht mehr verkauft."

Marlene Kemper begleitet Erika Kellner in ihr Büro. Vor zehn Stunden hat eine Streife der Schutzpolizei die attraktive Gattin des Getränkeabfüllers Wolfgang Kellner gefesselt im Stadtpark gefunden. Ihre Augen sind mit einem Wollschal verbunden gewesen.

Drei Tage ist Erika Kellner in der Hand eines Kidnappers gewesen, der 250 000 Mark von ihrem Mann gefordert hatte. Wolfgang Kellner hatte das Geld weisungsgemäß in einem Papierkorb am Opernhaus deponiert und erst Stunden später die Polizei von der Entführung informiert.

„Also noch einmal", sagt Marlene zu Erika Kellner. „Sie gehen davon aus, dass es nur ein Kidnapper war, und zwar ein Mann."

Sie nickt. „Er war kräftig und überwältigte mich am Montagnachmittag im Parkhaus, als ich vom Friseur kam. Er betäubte mich mit Chloroform. Als ich wieder aufwachte, war ich in diesem Keller, den ich Ihnen geschildert habe."

„Wo Sie diesen Heizkessel sahen."

„Genau", bestätigt Erika Kellner. „Offensichtlich außer Betrieb und schon ziemlich angerostet. Sonst befanden sich nur ein Feldbett, ein Tisch und ein Stuhl in dem Raum. Unter der Decke, an der Wand gegenüber dem Heizkessel, war ein vergittertes, von außen mit einem Brett vernageltes Kellerfenster. Es war schrecklich, die Kinder in der Nähe spielen zu hören und dennoch so hilflos gefangen zu sein."

„Was haben Sie sonst noch gehört?"

„Züge", meint Erika Kellner. „Nicht in regelmäßigen Abständen, sondern ganz unregelmäßig."

„Und nachts?", fragt Marlene.

„Nur die Katzen, die ums Haus schlichen und miauten."
Marlene Kempers Assistent Nils Krüger steckt den Kopf
zur Tür herein. „Herr Kellner ist da. Er möchte mit Ihnen
reden."

* * *

Wolfgang Kellner legt der Kommissarin einen Zettel mit
drei Namen hin. „Ich habe nachgedacht", meint er. „Einer
dieser drei ist der Kidnapper meine Frau. Ich habe mich
gefragt, wieso er nur eine Viertelmillion Mark von mir
gefordert hat. Sie wissen, mein Vermögen ist wesentlich
größer."

„Ich habe davon gehört", meint Marlene.

„Die 250 000 Mark waren genau die Summe, die ich in
der kurzen Zeit in bar beschaffen konnte", fährt Kellner
fort. „Ich hatte vor drei Wochen ein Aktienpaket verkauft,
weil ich Geld für einige Gemälde brauchte, die ich erwer-
ben wollte. Das waren die 250 000 Mark. Jeder der drei
auf dieser Liste hier wusste das."

„Wissen Sie auch, wo die Herren wohnen?" Marlene
holt einen großen Stadtplan hervor und entfaltet ihn.

„Bert Andersen, mein Buchhalter, hat ein Einfamilienhaus hier in der Südstadt", sagt Kellner. „Seit seine Frau
gestorben ist, lebt er allein dort. Ich musste ihn leider
entlassen, weil er sich Unkorrektheiten geleistet hat.
Heiner Schiffer, mein stellvertretender Geschäftsführer,
hat sich vor einem Jahr hier draußen am See ein Haus
gebaut", fuhr Kellner fort. „Schiffer hat immer immense
Schulden, weil er den Luxus liebt. Daran ist dann auch
letztes Jahr seine Ehe zerbrochen. Er ist jetzt frisch
geschieden."

Marlene Kemper markiert Schiffers Wohnort im Plan. Nur knapp 200 Meter von seinem Haus führt die S-Bahn-Strecke zur Nachbarstadt vorbei.

„Der Dritte ist Alexander Prüll", fährt Kellner fort. „Er ist mein Gärtner und lebt in der Laubenkolonie im Erlengrund. Ich erinnere mich gut, wie Prüll sich immer ganz in meiner Nähe herumtrieb, als ich vor drei Wochen meine Aktiengeschäfte telefonisch geregelt habe. Ich saß auf der Terrasse und hatte meinen schnurlosen Apparat mit hinausgenommen."

Kellner sieht die Kommissarin erwartungsvoll an. „Nun, was werden Sie unternehmen?"

„Mir einen Durchsuchungsbefehl besorgen", meint Marlene. „Nur einer der drei Männer kommt als Kidnapper Ihrer Frau in Frage."

Wen meint Marlene?

Marlene meint Kellners ehemaligen Buchhalter Bert Andersen; er war der Kidnapper. Die Heizungsanlage, die Erika Kellner im Keller des Kidnappers sah, wird seit zehn Jahren nicht mehr hergestellt. Das bedeutete, dass der Kidnapper in einem alten Haus wohnen musste. Das trifft nur auf Bert Andersen zu. Heiner Schiffers Haus ist neu. Gärtner Prüll wohnt in einer Laubenkolonie, und Lauben haben keinen Keller.

32

Dem Täter auf der Spur

 Eine Straße mit hübschen Einfamilienhäusern. Friedvoll, jetzt am Samstagabend. Kriminalassistent Krüger läutet bei der Nummer 34, während Kommissarin Marlene Kemper noch einmal das Amtshilfeersuchen überfliegt, das ihr heute Mittag auf den Schreibtisch geflattert ist. Im Zusammenhang mit einem Kunstdiebstahl bittet man darum, Thilo Eckerts Alibi zu überprüfen. Alles Routine. Bis jetzt.

Im Haus poltert etwas. „Zur Hintertür!", ordnet Marlene an, und Krüger huscht davon. Wenig später öffnet er seiner Chefin von drinnen die Haustür. Er hält einen schmächtigen Mann im Jogginganzug am Kragen. „Er wollte durch die Küche abhauen."

„Tzz, tzz!" macht Marlene Kemper und tritt ins Wohnzimmer. Auf der Kommode stehen zwei etwa dreißig Zentimeter hohe Bronzestatuetten. „Oho, Thilo! Wenn mich nicht alles täuscht, dann sind das die Melpomene und die Thalia aus der Gruppe der drei Musen von Giacomo Gremaldi, die Stadtrat Haffmann letzten Monat ersteigert hat." Sie sieht Eckert an. „Wann hast du die beiden Skulpturen gestohlen."

„Vorhin", murmelt Eckert. „Gerade eine Stunde ist's her. Oder meinen Sie, sonst hätte ich die heißen Sachen noch hier?"

* * *

„Ich wusste gar nicht, dass Sie was von Kunst verstehen, Chefin", sagt Krüger, nachdem Marlene Kemper Eckert verhaftet hat. Der kleine Mann ist inzwischen mit einem Streifenwagen unterwegs ins Präsidium. Die beiden Statuetten waren sichergestellt.

„Ich habe mich nur an die Zeitungsmeldung erinnert, durch die wohl auch Eckert darauf aufmerksam wurde, dass bei Haffmann etwas zu holen war", sagt Marlene. „Am besten wir fahren gleich zu seiner Villa. Womöglich weiß er noch gar nicht, dass er bestohlen worden ist."

* * *

Hans-Klaus Haffmann, Druckereibesitzer und Stadtrat, besitzt eine aufwendig renovierte Jugendstilvilla in der Südstadt. Es ist bereits dunkel, als Marlene Kemper und Krüger ankommen. Auf ihr Klingeln öffnet niemand. Die Kommissarin geht ums Haus herum. Auf der Terrasse fin-

det sie die Spuren von Eckerts Einbruch – einen abge-
klemmten Alarmsensor und eine aufgedrückte Terrassentür. Mit gezogener Waffe tritt sie in den Salon, der über-
reich mit wertvollen Gemälden und Statuen ausgestattet
ist. Haffmann liegt vor einem Postament, auf dem eine
einzelne Bronzestatuette neben zwei leeren Stützen steht.
Die verbliebene Statuette ist Kalliope, die dritte Muse der
Gremaldi-Gruppe. Haffmann hat eine große Platzwunde
an der Stirn – und in seiner Brust steckte ein Messer. Er ist
tot.

„Eckert", vermutet Krüger,

„Nicht so schnell", mahnt Marlene Kemper und sieht
sich um. Auf dem Schreibtisch entdeckt Marlene Haff-
manns Terminkalender. In der Spalte 20 Uhr war ein
Name eingetragen: Daniel.

„Rufen wir die Kriminalbereitschaft an!", sagt Marlene
Kemper und sieht auf ihre Uhr. Es ist kurz vor neun.

* * *

Marlene und Krüger warten bei ihrem Wagen auf die
Kollegen. Ein roter Sportwagen rollt in die Einfahrt des
Hauses.

„Herr Haftmann junior?", fragt Marlene Kemper den
Fahrer und zeigt ihren Ausweis.

Der junge Mann nickt. „Daniel Haffmann. Ist etwas ...
mit meinem Vater?"

„Er ist erstochen worden", nickt Kriminalassistent Krüger. „Wahrscheinlich von einem Einbrecher." Und zu
Marlene sagt er: „Die Kollegen aus dem Präsidium haben
gerade meldet, dass Eckert schon zugegeben hat, von
Haffmann überrascht worden zu sein. Er sagt allerdings,

dass er ihn nur bewusstlos geschlagen und sich dann mit den Musen-Statuetten aus dem Staub gemacht hat."

Daniel ist einen Moment wie gelähmt. Dann scheint er jedoch den Schock überwunden zu haben und steigt aus. „Ich habe ihn tausendmal gewarnt, seine Kunstwerke im Haus aufzubewahren", sagt er. „Haben Sie wenigstens die beiden Statuetten bei ihm sicherstellen können?"

„Haben wir, keine Sorge", meint die Kommissarin. „Ihr Vater lebte allein hier?"

Daniel nickt. „Seit seiner Scheidung. Ich habe ein Appartement in der Stadt."

„Waren Sie für heute mit ihm verabredet?"

„Ja, ich besuchte ihn gelegentlich ..."

„Wir haben jetzt neun Uhr", sagt Marlene Kemper. „Im Terminkalender hat Ihr Vater sich Ihren Besuch für 20 Uhr vorgemerkt."

„Unsinn", meint Daniel. „Ich habe gesagt, er könne ab 20 Uhr mit mir rechnen." Er sieht Marlene an. „Wenigstens haben Sie den Täter schon."

„Den Einbrecher", korrigiert Marlene. „Es kann doch auch sein, dass Sie tatsächlich schon um acht kurz nach dem Einbrecher hier waren und die Chance nutzten, Ihren bewusstlosen Vater zu töten."

„Das ist doch unerhört!", sagt Daniel aufgebracht.

„Nein", meint Marlene Kemper. „Das ist die Wahrheit, und Sie haben sich sogar noch selbst verraten."

Was ist Marlene aufgefallen?

Daniel Haffmann wusste, dass nur zwei der drei Musen gestohlen waren, obwohl ihm das niemand gesagt hatte.

33

Der Tod wohnt nebenan

 Um 16.05 Uhr geht der Notruf von Jürgen Weigand bei der Polizei ein, und fünf Minuten später ist Kommissarin Marlene Kemper mit ihrem Assistenten Krüger und den Beamten der Mordkommission am Tatort in der Bertholdystraße.

Hildegard Weigand liegt im verwüsteten Wohnzimmer des Einfamilienhauses. Die Scheibe der Terrassentür ist eingeschlagen.

Der Gerichtsmediziner stellt fest, dass Frau Weigand gegen 15.45 Uhr mit einem stumpfen Gegenstand erschlagen wurde.

Marlene Kemper befragt zuerst Jürgen Weigand, dem die Apotheke am Stadtwaldplatz gehört.

„Ich habe meine Frau um halb vier angerufen, um ihr zu sagen, dass ich gegen vier heimkomme", behauptet er. „Hildegard sagte, eine halbe Stunde zuvor sei ein Mann um die Häuser herumgeschlichen. Ungefähr 25 Jahre alt, blaues T-shirt, Jeans und Turnschuhe. Hildegard fürchtete sich. Die Putzfrau war schon um 12 Uhr gegangen."

Kommissarin Marlene Kemper schickt einen ihrer Mitarbeiter los, um Weigands Angaben zu überprüfen. Dann wendet sie sich an Ulrike Schuhmacher. Ulrike ist 32, sehr hübsch, geschieden und lebt im Haus neben dem der Weigands. Sie sagt: „Ich war gerade im Garten, als Jürgen um vier mit seinem Wagen hier ankam. Er ging ins Haus, kam gleich darauf wieder herausgestürzt und stammelte, dass Hildegard von einem Einbrecher ermordet worden sei. Er rief von mir aus die Polizei an. Das war gegen fünf nach vier."

„Haben auch Sie den verdächtigen Mann beobachtet?"

„Ja. Ein junger Bursche, blond, mit langem Haar, in Jeans. Er trieb sich am Nachmittag hier herum."

Der Chef der Spurensicherung erstattet der Kommissarin kurz Bericht: „Am Tatort keine Fingerabdrücke an Schubladen und Schränken. Auch das Telefon ist blitzsauber abgewischt."

Kurz darauf kommt Marlenes Kollege Krüger von Weigands Apotheke zurück. „Weigand war von 9 bis 15.50 Uhr in der Apotheke", berichtet er. „Seine Verkäuferin bestätigt, dass er um halb vier seine Frau anrief. Um 15.50 Uhr fuhr er dann heim. Mit dem Wagen braucht man knapp zehn Minuten bis hierher." Er senkt die Stimme: „Außerdem hat die Verkäuferin mir anvertraut, dass Weigand ein Verhältnis mit seiner Nachbarin haben soll."

„Unsinn!", sagt Weigand, als Marlene Kemper ihn deshalb anspricht. „Ulrike war nach ihrer Scheidung oft allein, ich habe mich nur um sie gekümmert. Hildegard hat sich in ihrer Eifersucht etwas von einem Verhältnis zusammenphantasiert."

Kommissarin Marlene Kemper sieht zuerst Weigand und dann Ulrike Schuhmacher an. „Sie haben Hildegard Weigand getötet", sagt sie zu Ulrike. „Sie haben auch den Einbruch vorgetäuscht. Den seltsamen Verdächtigen in Jeans und mit Turnschuhen gibt es gar nicht. Den haben Sie und Weigand sich ausgedacht."

Ulrike starrt zu Boden. „Ja, Sie haben Recht."

„Unsinn!", begehrt Weigand auf. „Hildegard hat mir von diesem Mann am Telefon erzählt ..."

„Nein", sagt die Kommissarin. „Ich kann beweisen, dass Sie Ihre Frau nicht um halb vier angerufen haben."

Was meint Marlene?

Weigand behauptete, seine Frau habe ihm um 15.30 Uhr am Telefon von dem Fremden erzählt, als er sie anrief. Diesen Anruf täuschte Weigand vor, denn auf dem Telefon in seinem Haus waren absolut keine Fingerabdrücke, weil die Putzfrau am Vormittag alles abgewischt hatte. Hätte das Telefonat wirklich stattgefunden, hätten Hildegard Weigands Abdrücke auf dem Hörer sein müssen.

34

Überfall in der 14. Etage

„Überfall!", sagt der Mann am Telefon. „Mein Name ist Hubert Kolberg, ich bin eben in meinem Büro überfallen und beraubt worden."

Der Beamte in der Notrufzentrale der Polizei nimmt die Angaben des Anrufers auf und verständigt Kommissarin Marlene Kemper, die in dieser Nacht Bereitschaftsdienst hat. „Ein Streifenwagen wartet in der Tiefgarage auf Sie", fügt der Beamte noch hinzu. „Fahren Sie mit dem Fahrstuhl, das geht schneller!"

„Fahr, verdammter Fahrstuhl!", flucht die Kommissarin wenig später, als sie vor dem Lift darauf wartet, dass die Kabine endlich kommt. Die Leuchtanzeige über der Tür sagt ihr, dass der Fahrstuhl sich unendlich langsam aus dem Parterre heraufarbeitet. Es dauerte fast eine Minute, bis Marlene Kemper die Sicherheitstür aufziehen kann.

In der Tiefgarage wartet schon ein Streifenwagen mit laufendem Motor und zuckendem Blaulicht.

„Globus-Hochhaus!", weist Marlene den uniformierten Fahrer an. „Der Anrufer heißt Hubert Kolberg, er hat in dem Geschäfts- und Bürohochhaus ein Büro. Hoffentlich funktioniert dort der Fahrstuhl!"

* * *

Auf dem kleinen Parkplatz neben der Tiefgaragenausfahrt des Globus-Hochhauses stehen nur zwei Wagen. Die 14. Etage ist die oberste, und dort sind zwei erleuchtete Fenster zu sehen. Sonst sind alle Büros im Hause dunkel. Nur das Foyer strahlt im hellen Schein der Neonlampen.

Marlene Kemper steigt aus dem Streifenwagen und klingelt am Haupteingang Sturm, bis der Nachtwächter die Panzerglastür aufschließt.

„Überfall?", fragt der Mann verblüfft, als Marlene ihm ihren Dienstausweis zeigt. „Hier im Haus? Ich habe nichts bemerkt."

Marlene Kemper läuft zu den Fahrstühlen hinüber und drückt auf den Rufknopf. Die Leuchtanzeige über den Türen zeigt, dass sich beide Kabinen im 14. Stock befinden und jetzt langsam herunterkommen. „Als hätte ich es geahnt", stöhnt die Kommissarin. Probehalber rüttelt sie an der Tür zur Feuertreppe neben dem Fahrstuhl. Sie ist abgeschlossen.

„Die werden jeden Abend auf allen Etagen verschlossen", klärt der Nachtwächter sie auf. „Damit ist der Lift der einzige Weg zu den Büros. So kann ich von meiner

Loge hier unten aus alles im Auge behalten. Bei meiner ersten Runde um 20 Uhr sehe ich nach, wer noch in den Büros ist, und mache mir eine Notiz, damit ich den Überblick habe."

„Und was ist mit der Tiefgarage?", fragt Marlene.

„Die ist mit einem Rollgitter verschlossen. Jeder Büromieter hier im Haus hat einen Schlüssel dafür."

Ungeduldig starrt Marlene Kemper auf die Liftanzeige. Noch drei Stockwerke...

„Wer war denn heute bei Ihrer 20-Uhr-Runde noch in den Büros?", fragt sie

„Nur Herr Kolberg", erklärt der Nachtwächter.

Endlich gleiten die Lifttüren auseinander. Marlene Kemper steigt ein und drückte der Knopf für die 14.Etage. „Sie sorgen dafür, dass niemand das Haus verlässt!", kann sie dem Nachtwächter noch zurufen, ehe die Tür sich schließt.

* * *

Hubert Kolberg macht einen gefassten Eindruck. Er telefoniert gerade, als Marlene Kemper das elegante Büro betrit. An den Wänden hängen Grundrisszeichnungen und Fotos von Bürohäusern. Kolberg ist Immobilienmakler.

„Was wollen Sie?", raunzt Kolberg die Kommissarin an. „Ich warte auf die Polizei."

„Ich bin die Polizei." Marlene zeigt ihren Dienstausweis. Sofort wird Kolberg höflicher. Er legt den Telefonhörer auf. „Entschuldigen Sie, Frau Kommissarin ... Ich habe nur eben meine Versicherung von dem Überfall verständigt. Gleich wird ein Ermittler vorbeikommen und sich alles ansehen." Er betastet vorsichtig die frische Beule an seiner Stirn.

„Sie sind gegen Raub versichert?"

Kolberg nickt. „Bis zu einem Schaden von 100 000 Mark. Die Prämien fressen mich auf, aber jetzt bin ich froh, dass ich die Versicherung damals abgeschlossen habe."

Marlene Kemper bittet ihn, zu berichten, was geschehen ist.

„Ich habe Überstunden gemacht", beginnt Kolberg. „Heute Nachmittag habe ich mit einem Kunden ein großes Geschäft abgeschlossen, und ich wollte morgen alles für ihn bereitliegen haben." Er atmet schwer.

„Sie wussten, dass Sie allein im Bürohaus waren?", fragt Marlene.

„Nein", sagt Kolberg. „Als der Nachtwächter kam, hat er sich meinen Namen notiert. Aber er sagte nicht, ob außer mir noch andere Leute hier arbeiteten."

„Und was passierte dann?", bohrt Marlene weiter.

Kolberg holt ein Taschentuch heraus und wickelt ein paar Eiswürfel aus seinem Barkühlschrank hinein. Dann drückt er die Kompresse auf die Beule an seiner Stirn.

„Es war kurz vor elf Uhr, als plötzlich die Tür aufging und ein Mann in einem Trenchcoat hereinstürzte. Er trug eine Skimütze, sodass ich sein Gesicht nicht erkennen konnte. Er hielt mir eine Pistole unter die Nase und zwang mich, den Tresor zu öffnen."

Kolberg deutet auf den kleinen Bürosafe neben dem Fenster. „Der Gangster kannte sich sehr genau aus. Woher sollte er sonst gewusst haben, dass ich gerade heute 198 000 Mark im Safe hatte – eine Barzahlung aus dem Geschäft, das ich heute Nachmittag abgewickelt habe."

Kolberg schöpft Atem, um sich wieder auf seine Geschichte zu konzentrieren. „Nachdem ich den Safe geöffnet hatte, packte der Gangster das Geld in eine Plastiktüte. Dann schlug er mich mit seiner Pistole nieder."

Die Beule an seiner Stirn hat sich inzwischen bläulich verfärbt. Schwer kann der Schlag allerdings nicht gewesen sein, denn die Haut ist nicht aufgeplatzt. Marlene Kemper ruft von Kolbergs Telefon aus im Präsidium an und bittet den Einsatzleiter, einen Spurensicherungstrupp vorbeizuschicken. Dann zieht sie ihr Dienstwaffe, entsichert sie und schaut sich auf der vierzehnten Etage um. Sie fragt sich, welchen Fluchtweg der Täter genommen hat.

Alle anderen Bürotüren sind unverschlossen, damit die Putzkolonnen am nächsten Morgen hinein können. In keinem der Zimmer kann Marlene eine Spur des Räubers entdecken. Die Tür zur Feuertreppe am Ende des Ganges ist abgeschlossen, wie der Nachtwächter gesagt hat.

Marlene kehrt in Kolbergs Büro zurück. „Waren Sie nach dem Schlag des Gangsters bewusstlos?", fragt sie, während sie sich ein Pfefferminzbonbon in den Mund schiebt.

„Nur kurz", sagt Kolberg.

„Wie denken Sie sich, ist der Täter geflohen?"

„Mit dem Lift, nehme ich an", erwidert Kolberg. „Er wird am Foyer vorbei in die Tiefgarage gefahren sein." Er sieht Marlene erstaunt an. „Ja, und um aus der Tiefgarage herauszukommen, braucht man den Schlüssel für das Rollgitter." Er tastet seine Hosentaschen ab. „Mein Schlüssel ist weg. Er muss ihn mir weggenommen haben, als ich ohnmächtig war ..."

„Unsinn!", sagt Marlene und steckt ihre Waffe ein, um die Handschellen herauszuholen. „Den ganzen Überfall haben Sie erfunden und inszeniert, um die Versicherung zu betrügen."

Was ist Marlene aufgefallen?

Der Gangster, der den Makler Kolberg angeblich überfallen hatte, hätte nur mit dem Lift aus der 14. Etage fliehen können, denn die Türen zur Feuertreppe waren abgeschlossen. Hätte der Gangster aber diesen Fluchtweg gewählt, hätte eine der Liftkabinen in der Tiefgarage gestanden, als die Kommissarin bei ihrer Ankunft den Fahrstuhl rief. Aber da waren beide Kabinen in der 14. Etage, wie die Leuchtanzeige angab.

35

Vergangenheit kann tödlich sein

 Der Hauswart hat also mit seinem Verdacht vollkommen richtig gelegen. „Mit dem Siebert aus dem Dachgeschoss ist was passiert", hat er bei seinem Anruf bei der Einsatzzentrale der Polizei gesagt. „Seit gestern Nachmittag um 5 sind die Jalousien zu, und er hat nicht aufgemacht, als ich ihm heute wie üblich seine Zeitung und die frischen Brötchen bringen wollte."

Jetzt ist es halb elf, und Kommissarin Marlene Kemper steht vor dem Toten in der schick ausgebauten Dachgeschosswohnung im Vorderhaus des Wohnblocks an der Liegnitzer Straße. Rainer Siebert, Enthüllungsjournalist bei einer Illustrierten, liegt erschossen neben dem

Schreibtisch. Tatzeit ist laut vorläufigem Befund des Gerichtsarztes die letzte Nacht. „Gegen 22 Uhr", lässt der Mediziner sich noch entlocken, als Marlene nachfragt

Es ist dämmerig in dem Zimmer, die Sonne scheint durch die zugestellten Lamellen der Vertikaljalousie. Das Deckenlicht ist ausgeschaltet, auf Sieberts Schreibtisch brennt eine Leselampe. Daneben entdeckt Marlene Kemper eine Gerichtsakte. „König" steht auf dem Deckel.

Kein neuer Name für die Kommissarin. Martin König, Bauunternehmer und Partylöwe, ist vor zwei Jahren wegen Bestechung des Baudezernenten verurteilt worden. Er ist während der Haft im Gefängnis an einem zu spät erkannten Blinddarmdurchbruch gestorben.

Marlene Kemper schiebt sich nachdenklich ein Pfefferminzbonbon in den Mund, ehe sie Sieberts Arbeitsnotizen durchsieht. Sie findet eine Quittung aus dem Gerichtsarchiv, nach der Siebert sich am Vortag um 16 Uhr die König-Akten hat kopieren lassen. Außerdem entdeckt sie den Entwurf für eine Enthüllungsgeschichte, in der Siebert beweisen wollte, dass auch Königs Tochter Tina und ihr Verlobter Harry Eick, die die Baufirma ihres Vaters übernommen haben, immer noch Lokalpolitiker mit Bestechungsgeldern „wohlgesonnen" stimmen. Zuletzt widmet sich Marlene Sieberts Terminkalender. Für den gestrigen Tag ist bei 15.30 Uhr eingetragen „Amtsgericht/Archiv", für den heutigen Tag sind Verabredungen um 18 Uhr mit einem „Ludwig" und um 20 Uhr mit einer „Nicole" notiert. Für den kommenden Freitag ist mit Rotstift eingetragen: „Redaktionsschluss – König-Artikel abgeben."

Schließlich tritt Marlene Kemper ans Fenster und zieht an den Schnüren der Vertikaljalousie. Die Lamellen schwingen auf, es wird hell in dem Zimmer und die Kommissarin blickt über den Hinterhof hinüber zum ersten Hinterhaus, auf einen verglasten Wintergarten der Dachgeschosswohnung. Dort sitzt eine junge Frau mit geschlossenen Augen in einem Rattansessel und hört über die Kopfhörer ihres Walkmans offensichtlich Musik.

* * *

Kurz darauf klettert Marlene Kemper drüben im Hinterhaus die Treppe zum Dachgeschoss hinauf. Weil die Frau aus dem Wintergarten einen guten Blick auf Sieberts Wohnung hat, könnte sie vielleicht gestern Abend etwas gesehen haben.

„Tina König" steht auf dem Türschild. Marlene fragt sich, ob es wirklich die Tochter des Baulöwen König ist, die hier wohnt. Ein rotblonder Mittdreißiger im legeren Hausjackett öffnet ihr. Marlene erkennt Harry Eick, den ehemaligen Privatsekretär des toten Baukönigs.

„Ich lebe jetzt mit Tina zusammen", erklärt Eick, als Marlene ihn nach Königs Tochter fragt. Dann kneift er die Augen zusammen. „Kommen Sie wegen Siebert?"

„Hat sich also schon herumgesprochen, dass er ermordet wurde?"

„Der Hausmeister hat es erzählt", sagt Harry.

Marlene folgt Harry in den Wintergarten, wo Tina am Fenster sitzt. Ihre Augen sind ohne Blick. Marlene begreift. Tina ist blind. Harry erklärt Tina, dass Marlene eine Kriminalbeamtin ist, die wegen des Mordes an Siebert ermittelt.

„Siebert hat sich die Wohnung gegenüber gemietet, um uns zu beobachten", erklärte Tina.

„So war es", bestätigt Harry. „Tina hat nach dem Tod ihres Vaters die Baufirma geerbt. Ich führe die Geschäfte für sie, weil sie ... nun ja, Sie verstehen, was ich meine. Siebert behauptete nun, ich würde genauso krumme Deals machen wie Tinas Vater."

„Haben Sie gestern Abend dort drüben etwas gesehen?", fragt Marlene. „Etwa zwischen 21 und 23 Uhr?"

Harry zuckt mit den Schultern. „Ich habe nur manchmal hinübergeschaut. Siebert saß am Schreibtisch und blätterte in der alten Prozessakte von Tinas Vater."

Tina schweigt. Ein verbitterter Zug liegt um ihre Mundwinkel. Marlene Kemper überlegt, dass die blinde Frau für den Mord sicher nicht in Frage kommt. Doch ihr Freund Harry hat ja auch ein starkes Motiv für die Tat. Allerdings ahnt Marlene Kemper auch, dass Tina ihrem Lebensgefährten wohl unter allen Umständen ein Alibi geben wird, wenn er in das Verbrechen verwickelt sein sollte.

„Harry war den ganzen Abend hier bei mir", sagt Tina dann auch, als die Kommissarin sie nach dem vergangenen Abend fragt.

„Sie lügen, Tina", meint Marlene leise. „Sie lügen, weil Sie Harry nicht verlieren wollen. Doch er ist Sieberts Mörder, und deshalb muss ich ihn jetzt verhaften!"

Wie kommt Marlene zu diesem Ergebnis?

Angeblich sah Harry Eick den Journalisten Siebert am Mord-
abend noch an seinem Schreibtisch sitzen – obwohl nach Aussage
des Hauswartes Sieberts Jalousie seit 17 Uhr geschlossen war.
Außerdem erwähnte Harry, dass Siebert in Königs Prozessakte
geblättert habe. Siebert hatte diese Akte aber erst am Nachmittag
bekommen, wovon Harry eigentlich nichts hätte wissen können.

36

Ein Star unter Verdacht

 Als Mike Jason Marlene Kemper die Tür öffnet, leuchtet sein sandfarbener Haarschopf im Licht der warmen Augustsonne. Drinnen, in dem kleinen Filmstudio, ist allerdings nichts mehr von dem angenehmen Sommertag zu spüren. Marlene blinzelt ins grelle Scheinwerferlicht, während Mike Jason sie durch den Raum führt. Mike Jason heißt eigentlich Michael Janssen; er ist Sänger und hat mit seinen romantischen Popsongs in den letzten Monaten die Hitparaden gestürmt. Seitdem verzehren sich Scharen von Teenagern nach dem sportlichen, gut aussehenden Blondschopf.

Marlene Kemper fragt nach Diana Ludwig. Sie ist die Regisseurin, mit der der Sänger seinen neuesten Videoclip dreht. Mike sieht Marlene überrascht an. „Was wollen Sie denn von Diana?"

„Dianas Mann ist heute Morgen ermordet worden", sagt Marlene.

Mike schluckt. „Diana lebte schon seit einem halben Jahr nicht mehr mit ihm zusammen. Sie wissen sicher, dass Diana und ich ... inzwischen ein Paar sind. Wir wohnen in der kleinen Wohnung hier über dem Studio."

Marlene nickt. Einiges davon ist ihr aus den Klatschspalten bekannt. „Haben Sie Diana heute Vormittag gesehen? Gegen neun Uhr?"

Mike nickt. „Aber ja. Wir waren draußen in Harrching und haben ein paar Aufnahmen für mein neues Video gedreht."

Marlene folgt Mike in den Regieraum des Studios, wo Diana Ludwig vor einer Galerie von Videomonitoren sitzt. Sie schluckt, als Marlene ihr sagt, dass man vor zwei Stunden ihren Mann Carl in seinem Haus erschossen aufgefunden hat.

„Das Zimmer war durch einen Kampf verwüstet, es sieht alles nach einer Affekthandlung aus", sagt Marlene. „Die Tat wurde gegen neun heute Morgen begangen. Wo waren Sie um diese Zeit?"

Diana legt eine Videokassette in einen der Recorder ein. „Draußen in Harrching, bei der alten Kirche", sagt sie. „Ich habe mit Mike Aufnahmen gemacht. Sehen Sie selbst."

Sie drückt die Wiedergabetaste, und auf dem Monitor erscheint Mike unter einem blühenden Kirschbaum auf der Wiese vor der alten Kirche in Harrching. Das Video hat keinen Ton, Mike bewegt auf dem Bild stumm die Lippen. „Der Song wird später dazugemischt", erklärt Diana. Sie zeigt Marlene das Video im Schnelldurchgang.

Außer den Szenen mit Mike Jason gibt es noch zahlreiche Sequenzen, in denen man Mike mit Diana Arm in Arm vor der Kirche sieht. „Dazu habe ich die Kamera aufs Stativ gestellt", erklärt Diana.

Marlene stoppt das Band an einer Stelle, an der Diana und Mike unter dem Kirschbaum zu sehen sind, hinter dem sich der Glockenturm der Kirche erhebt. Die Zeiger der Turmuhr stehen ziemlich genau auf neun Uhr.

„Die Aufnahmen haben zwei Stunden gedauert", erklärt Diana. „Wir sind um acht losgefahren, waren um halb neun draußen und haben bis halb elf gefilmt. Dann fuhren wir zurück."

Marlene Kemper lässt sich das Video noch einmal zeigen und immer dort anhalten, wo die Kirchturmuhr ins Bild kommt. Auf den ersten Bildern stehen die Zeiger auf halb neun, später dann auf zehn Uhr und schließlich auf halb elf.

„Hat jemand Sie dort gesehen?", fragt Marlene.

„Ich glaube nicht", erwidert Diana. „Wie kommen Sie überhaupt darauf, dass ich meinen Mann getötet haben könnte?"

„Es gab zwar die Kampfspuren im Haus, aber keine Hinweise darauf, dass der Täter gewaltsam eingebrochen ist", sagt Marlene. „Wie die Haushälterin uns sagte, haben Sie immer noch einen Schlüssel."

Diana nickt. „Natürlich. Ich bin auch gelegentlich noch bei ihm vorbeigekommen. Aber ich habe ihn nicht getötet." Sie zeigt auf den Monitor. „Wie Sie sehen, habe ich ein Alibi."

„Nein", sagt Marlene. „Das haben Sie nicht!"

Was meint Marlene damit?

Draußen ist ein warmer Augusttag, und dennoch ist auf dem Video, das angeblich am Vormittag aufgenommen wurde, ein blühender Kirschbaum zu sehen. Das Video wurde also im Frühjahr gedreht, als die Kirschbäume blühten, und ist damit als Alibi für Diana absolut untauglich.

37

Lösegeld für eine Liebe

 Eine halbe Million Mark in kleinen Scheinen. Kriminalassistent Nils Krüger betrachtet fasziniert das Lösegeld, das Hansheinz Kremer in den letzten vier Stunden bei seiner Bank beschafft hat. In einer hektischen Aktion hat der Brauerei-Besitzer sein Aktiendepot verkauft.

„Ich tue alles für Gerda", flüstert Kremer. Er ist blass, übernächtigt. Seine Stimme zittert. Seine Lebensgefährtin Gerda Uhland ist gestern Vormittag offensichtlich auf dem Weg zum Friseur gekidnappt worden. Heute Morgen hat Kremer dann einen Zettel in seinem Briefkasten gefunden: „Wir haben Ihre Freundin! Beschaffen Sie eine halbe Million. Warten Sie auf unseren Anruf!"

Kremer hat sofort die Polizei verständigt, und Kriminal-direktor Degener hat seinen besten Mann, der in diesem Fall eine Frau ist, mit der Leitung der Sonderkommission „Brauerei" beauftragt: Marlene Kemper. Seitdem sitzt die Kommissarin gemeinsam mit Krüger und zwei speziell ausgebildeten Beamten mit Kremer im Wohnraum seiner Villa. Die anderen Männer der Sonderkommission stehen im Präsidium in Bereitschaft und werden von einem Ein-satzleiter geführt. An Kremers Telefon ist ein Recorder angeschlossen, um den Erpresseranruf mitzuschneiden.

„Ausgerechnet jetzt", murmelt Kremer. „Gerda hat es in letzter Zeit schon schwer genug gehabt. Ihre Galerie steht vor der Zwangsversteigerung."

Kommissarin Marlene Kemper weiß, was er meint. Sie hat in der Zeitung davon gelesen, dass Gerda Uhland, Galeriebesitzerin und Dame der Gesellschaft, ihr gesam-tes Vermögen bei der Spekulation eines Anlagebetrügers verloren hat.

Im selben Moment, in dem die alte Standuhr neben der Terrassentür fünf schlägt, läutet das Telefon. Kremers Hände zittern so sehr, dass er kaum den Hörer abnehmen kann.

„Ich übermittle die Forderung der Kidnapper!", tönt Gerda Uhlands Stimme aus dem Mithörlautsprecher. „Hansheinz, du sollst das Geld heute Nacht um halb elf auf dem Sockel des Goethe-Denkmals im Stadtpark depo-nieren. Danach geh bitte weg. Das Geld wird geholt, dann werde ich freigelassen."

Es klickt, und im selben Moment wird Kremer noch blasser, seine Stirn ist schweißnass und der Hörer gleitet ihm aus der Hand, ehe er ohnmächtig zusammensackt.

„Kreislaufkollaps", stellt der Notarzt wenig später fest.

„Er darf auf keinen Fall aufstehen. Bettruhe für die nächsten zwei Tage."

Marlene Kemper sieht ihren Assistenten an. „Dann werden Sie eben das Lösegeld übergeben, Krüger."

* * *

Nils Krüger erreicht das Rondell mit dem Goethe-Denkmal kurz vor Mitternacht. Er stellt die Tasche mit der halben Million auf den Denkmalsockel, genau wie es Gerda Uhland im Auftrag der Kidnapper verlangt hat.

Dann macht er kehrt und verlässt den Park. Marlene Kemper wartet in einem Zivilwagen vor dem Tor. Sie hat sich entschieden, den Übergabeort nicht zu überwachen, um Gerdas Leben nicht zu gefährden.

* * *

Zwei Stunden später wird Gerda Uhland gefunden. Mit verbundenen Augen und betäubt von einem leichten Schlafmittel liegt sie auf einer Wiese am Fluss. Ein paar Nachtschwärmer haben sie bei ihrem Bummel entdeckt und die Polizei angerufen.

Nachdem Gerda vom Arzt untersucht worden ist, kann Marlene Kemper endlich mit ihr sprechen.

„Es waren zwei Männer, die mich in einem Keller gefangen hielten", gibt die Galeriebesitzerin im Präsidium zu Protokoll. Nils Krüger tippt die Aussage, während die Kommissarin sich auf Gerda Uhland konzentriert.

„Wie sah der Keller aus?", bohrt Marlene und nimmt sich ein Pfefferminzbonbon. „Können Sie die beiden Kidnapper beschreiben?"

„Es war ein ganz normaler Keller", sagt Gerda. „Beton-wände, eine alte Waschmaschine, ein schmales, vergitter-tes Fenster unter der Decke. Die Scheibe war mit Farbe von außen zugemalt. Manchmal habe ich von draußen einen Hund bellen gehört. Die beiden Entführer habe ich nur maskiert gesehen. Sie trugen Lederjacken, Jeans und Skimützen. Einer hielt mich stets mit einer Pistole in Schach, wenn die hereinkamen."

„Wie haben sie Sie behandelt?" Marlene nimmt sich ein Pfefferminz.

Gerda hebt die Schultern. „Rau, aber nicht brutal. Heute Vormittag zwangen sie mich, eine Tonbandcassette mit den Übergabebedingungen zu besprechen", fährt Gerda fort. „Ein paar Stunden später musste ich ein Schlafmittel nehmen. Ich schlief bis vorhin, als man mich fand ..." Sie beginnt zu weinen. Nils Krüger vergisst das Protokoll und holt eine Decke, um sie Gerda um die Schultern zu legen. Marlene Kemper gönnt sich eine Pause und lutscht gedan-kenverloren an ihrem Pfefferminzbonbon.

„Jetzt ist ja alles vorbei", tröstet Krüger die weinende Frau.

„Ich bin so froh, dass Sie das Geld gebracht haben", schluchzt Gerda.

Marlenes Pfefferminz ist inzwischen so dünn, dass sie es zerbeißen kann. „Leider muss ich Sie verhaften", sagt sie zu Gerda. „Sie haben Ihre eigene Entführung ganz allein vorgetäuscht, um mit dem Lösegeld, das Hansheinz Kre-mer für Sie bezahlte, die Zwangsversteigerung Ihrer Galerie abzuwenden."

Was ist Marlene aufgefallen?

Gerda Uhland erkannte Nils Krüger als den Lösegeldboten wieder, obwohl sie bei der angeblichen Tonbandaufnahme der Lösegeldforderung gesagt hatte, dass Kremer das Geld überbringen sollte. Sie musste also selbst im Park gewesen sein, um das Geld zu holen.

38

Das Geheimnis einer Nacht

 Kommissarin Marlene Kemper wirft einen Blick in das Labor. Der Gerichtsarzt misst gerade den Abstand, in dem die Füße des Toten über dem Betonboden schweben: „Einhundertundein Zentimeter."

Dann wird Professor Schellbaums Leiche behutsam von dem Deckenhaken gehoben. Ein Abschleppseil ist um seinen Hals geknotet. Marlene Kemper hat genug gesehen. Sie wendet sich an Frank Windacher. Professor Schellbaum hat den Studenten übers Wochenende in sein Haus eingeladen. Windacher sollte Schellbaum bei einigen chemischen Experimenten für ein neues Asthma-Medikament helfen. „Wir arbeiteten gestern bis zum frühen Abend im Labor", erzählt Frank. „Der Professor wirkte deprimiert, weil wir nicht vorwärts kamen. Ich zog mich gegen 22 Uhr in das Gästezimmer zurück. Als ich gegen Mitternacht herunterkam, sah ich noch Licht unter der Labortür durchscheinen. Die Tür war verschlossen, doch ich konnte durchs Schlüsselloch sehen, wie er da hing ..."

Marlene Kemper sieht sich die Labortür an. Die Polizei-streife, die nach Windachers Notruf gekommen ist, hat sie aufbrechen müssen. „Der Schlüssel zur Labortür steckte in Schellbaums Hosentasche", erklärt der Leiter der Spurensicherung. „Die Labortür war nur zugezogen, nicht abgeschlossen." Der Mann zeigt Marlene einen knapp 30 Zentimeter hohen Schemel. „Der lag unter Schellbaums Füßen. Darauf muss er gestanden haben, als er sich erhängte." Dann zieht er Marlene Kemper zur Seite und dämpft die Stimme: „Seltsam ist nur, dass in Schellbaums Versuchstagebuch die letzte Seite herausgerissen ist. Aus den übrigen Eintragungen geht hervor, dass Schellbaum und sein Student kurz davor standen, ein neues Medikament gegen Asthma zu entdecken. Damit hätte Schellbaum ein Vermögen verdienen können. Wer die Formel, der die beiden auf der Spur waren, zum Patent anmeldet, der wird bald Millionen besitzen."

Marlene beginnt an dem Selbstmord des Professors zu zweifeln und erkundigt sich noch einmal genau beim Gerichtsarzt. Der sagt: „Das Abschleppseil war fest um den Hals des Toten verknotet. Der Tote hat eine kleine Prellung am Hinterkopf. Die könnte durch eine normale Ursache entstanden sein, aber vielleicht auch dadurch, dass man ihn niederschlug."

Kommissarin Marlene geht wieder auf den Flur. Frank Windacher sieht ihr unruhig entgegen. „Es war doch Selbstmord, nicht wahr?", fragt er. „Wie hätte denn ein Mörder ins Labor kommen sollen? Die Fenster sind vergittert, die Tür war verschlossen."

„Die Tür war nur zugezogen", sagt Marlene. „Dazu braucht man keinen Schlüssel." Sie sieht den Studenten an. „Sie haben den Professor getötet und den Selbstmord vorgetäuscht, weil Sie die Formel für das neue Medikament besitzen wollten, das Sie mit ihm entwickelt hatten."

Windachers Lippen zucken. Lange halten seine Nerven nicht durch. „Ja", murmelt er. „Woher wussten Sie, dass es kein Selbstmord war?"

Woher weiß Marlene das?

Die Leiche hing einen Meter über dem Boden. Der Hocker, auf dem der Professor angeblich gestanden hatte, war aber nur 30 Zentimeter hoch.

39

Der Tod spielt mit

 Der Pianist ist erstklassig, und Kommissarin Marlene Kemper bereut es fast, dass sie damals in den Polizeidienst eingetreten ist und nicht weiter ihre musikalischen Neigungen gepflegt hat. Kaum sind die ersten Takte von Tschaikowskys Klavierkonzert Nummer 1 erklungen, da hört Marlene Kemper den Pieper in ihrer Handtasche. Sie eilt hinaus zur Telefonzelle ins Foyer und ruft ihre Dienststelle an.

„Mord", sagt ihr Assistent Krüger. „Beethovenstraße 17. Die Kollegen sind schon unterwegs."

* * *

Jürgen Blechschmitt liegt verkrümmt auf der Treppe vor seiner Wohnungstür. Er ist Mitte vierzig, hat schütteres Haar, trägt einen Frack, weißes Hemd und schwarze Fliege. Halb unter der Leiche liegt ein Regenschirm, und mit der rechten Hand scheint der Tote mit letzter Kraft noch seinen Geigenkasten festzuhalten, der aufgesprungen ist. Das Instrument liegt zertreten auf dem Treppenabsatz.

„Die Nachbarin hat ihn gefunden", sagt Krüger zu Marlene Kemper. „Tatzeit gegen 20 Uhr. Mordwaffe: ein schmales, scharfes Messer, wahrscheinlich ein Stilett."

Marlene Kemper mustert den Toten nachdenklich. „Wo wollte er mit der Geige hingehen?", fragt sie.

„Woher wissen Sie denn, dass er fortgehen wollte?", fragt Krüger verblüfft.

„Der trockene Regenschirm", erklärt Marlene Kemper. „Es regnet seit 19 Uhr – ich bin selbst durch die Nässe zur Konzerthalle gefahren, und auch um 20 Uhr goss es in Strömen. Blechschmitts Schirm ist trocken, das heißt, er kam aus der Wohnung, als er um 20 Uhr ermordet wurde."

„Faszinierend", sagt Krüger.

„Reine Logik", erwidert Marlene Kemper.

Ein paar Beamte drängten sich an ihnen vorbei. „Wir haben uns in der Wohnung umgesehen", berichtet der Leiter der Spurensicherung und zeigt Marlene Kemper einen Terminkalender. „Hier ist regelmäßig für Mittwoch ein Termin eingetragen: 20 Uhr, Kammermusik bei Roland. Im Adressenverzeichnis steht ein Roland Becker."

* * *

Roland Becker ist für Marlene Kemper kein Unbekannter. Ihm gehört das größte Maklerbüros der Stadt, und als

Musikfreund unterstützt er oft die Gastspiele bekannter Künstler im Opernhaus.

„Schrecklich", sagt Becker, als Marlene Kemper ihm erklärt, warum sie gekommen ist. Draußen regnet es noch immer, und die Kommissarin und ihr Assistent hinterlassen feuchte Fußspuren auf dem teuren Teppich. In der Wohnhalle stehen um den Kamin herum drei Notenständer mit aufgeschlagenen Notenblättern vor gemütlichen Stühlen. Eine kleine Uhr schlägt neun.

„Ich erwarte einige Freunde zu meinem regelmäßigen Kammermusikabend", sagt Roland Becker und deutet auf die Notenständer. „Sie müssen gleich kommen."

„Sie spielen immer in der gleichen Zusammensetzung?", fragt Marlene Kemper.

„Wir haben schon als Studenten unser Streichquartett gehabt. Bald feiern wir unser zwanzigjähriges Bestehen." Becker schaut betroffen zu Boden. „Und jetzt sagen Sie mir, dass Jürgen tot ist."

Es klingelt an der Tür, und Marlene wird einer Antwort enthoben. Beckers Mitspieler, der Architekt Fritz Stolte und der Anwalt Horst Schmitt, kommen mit ihren Instrumenten herein. Als sie erfahren, was geschehen ist, blicken sie betroffen zu Boden. Ein seltsames Schweigen macht sich breit.

„Haben Sie mir vielleicht etwas zu sagen?", fragt Marlene Kemper.

Fritz Stolte zuckt mit den Schultern. „Ich habe heute Nachmittag mit Jürgen telefoniert und bot ihm an, ihn mit meinem Wagen gegen 20.30 Uhr abzuholen. Jürgen hatte kein Auto. Aber er lehnte ab. Er sagte, er habe schon eine Verabredung, und die Person werde ihn zu Roland mitnehmen."

176

„Das kann doch nur Horst gewesen sein, oder?", vermutet Becker.

Doch Horst Schmitt schüttelt den Kopf. „Nein." Er druckst herum. „Jürgen suchte mich gestern in meiner Anwaltskanzlei auf. Er fragte mich um Rat, weil er sich bei einem Geschäft von Roland übervorteilt fühlte."

„Unsinn!", braust Becker auf.

„Leider nicht", sagt Schmitt. „Du hast Jürgen sein ererbtes Grundstück in der Südstadt für ein Butterbrot abgekauft und es mit einem Riesengewinn weiterveräußert. Er wollte dich verklagen – und er hätte auch gewonnen, da bin ich mir sicher."

„Und das bei deiner derzeitigen finanziellen Lage", meint Fritz Stolte zu Becker. „Du wärst ruiniert gewesen, Roland!"

„Deswegen hat Becker auch seinen alten Freund und Mitmusiker getötet", sagt Marlene Kemper. „Das liegt doch auf der Hand."

Wie kommt Marlene zu diesem Schluss?

Becker hatte für den regelmäßigen Musikabend des Streichquartetts nur drei Stühle und drei Notenständer aufgestellt – aber ein Quartett besteht aus vier Personen. Becker wusste also, dass Blechschmitt nicht mehr kommen würde.

40

Sein letzter Ratekrimi

 Es ist ein Haus der Superklasse, mit viel Stahl und Glas und einem todschicken Arbeitszimmer unterm Dach, wo Hanns-Peter Karr seine erfolgreichen Ratekrimis verfasst hat, die Marlene in ihrer Freizeit immer mit Vergnügen gelesen hat.

Karr ist gegen Mitternacht an seinem Stahlrohr-Schreibtisch erschossen worden. Mit dem Oberkörper liegt er über seiner alten Schreibmaschine. Neben der Maschine liegt ein fertig getipptes Manuskript. Mehr als 30 neue Ratekrimis für Karrs letztes Buch. „Ratekrimis zum", liest Marlene die Titelseite, die noch in der Maschine steckt. Neben der Tür des Arbeitszimmers stehen Kartons mit einem nagelneuen Computer samt

Drucker. Ein Teil der Geräte ist schon ausgepackt. Der Mörder hat Karr wohl beim Aufbauen überrascht.

„Keine Einbruchsspuren", berichtet der Leiter der Spurensicherung. Karr hat seinen Mörder also wohl selbst eingelassen. In seinem Terminkalender findet Marlene zwei Notizen. „Judith" steht dort in der Spalte „18 bis 20 Uhr". Und noch ein Name: „Reinhard". Außerdem ist bei 17 Uhr eingetragen: „Computerlieferung".

Judith ist Karrs Ex-Frau. Marlene Kemper sucht sie in ihrem Appartement auf. „Ich war gestern um 18 Uhr bei ihm", sagt sie. „Ich wollte mit ihm über die Unterhaltszahlungen reden. Aber Hanns-Peter hatte nur den Computer im Kopf, den er gerade bekommen hatte und aufbauen wollte."

„Gab es Streit?", fragt Marlene.

„Natürlich, wie immer", sagt sie. „Was meinen Sie, warum wir uns getrennt haben? Er sagte, ich solle sehen, wie ich zurechtkäme. Er würde mit keinen Pfennig Unterhalt bezahlen. Dabei hatte er gerade ein neues Ratekrimi-Buch fertig geschrieben und dafür ein enormes Honorar kassiert."

„Kennen Sie einen ‚Reinhard'?", fragt Marlene.

Judith nickt. „Reinhard Jahn. Ein Amateurschriftsteller. Er behauptet, Hanns-Peter habe die Ideen für seine Ratekrimis aus seinen Manuskripten geklaut, die er ihm geschickt hat."

Reinhard Jahn lebt so, wie man es von einem erfolglosen Schriftsteller erwarten konnte: in der Gartenlaube seiner Tante, ganz in der Nähe von Karrs Haus. „Ich habe nichts mit dem Mord an Karr zu tun", behauptet er, als Marlene ihn aufsucht.

„In Karrs Kalender war aber ein Treffen mit einem ‚Reinhard‘ vermerkt“, sagt Marlene und nimmt sich ein Pfefferminz.

„Ich war gestern daheim“, beteuert Jahn. „Was hätte ich schon mit Karr zu bereden gehabt?“ Er weist auf seine alte Schreibmaschine auf dem Tisch vorm Fenster. „Ich muss mich weiter mit diesem Ding herumquälen und er konnte sich einen nagelneuen Computer leisten! So ungerecht ist das Leben.“

„Und Ihr Streit mit Karr?“, hakt Marlene nach.

Jahn kneift die Augen zusammen. „Damit beschäftigt sich mein Anwalt. Anders kommt man gegen Leute wie Karr nicht an.“

Nachdenklich verlässt Marlene Jahns Gartenlaube. Sie lässt sich noch einmal die Aussagen der beiden Verdächtigen durch den Kopf gehen. Seltsam, denkt sie. Der Mord an Karr hätte auch ausgezeichnet als Ratekrimi für dessen neues Buch getaugt. Und dann war ihr klar, wer Karrs Mörder war.

Wer?

Reinhard Jahn behauptete, nicht bei Karr gewesen zu sein, wusste aber trotzdem, dass Karr gerade seinen neuen Computer bekommen hatte.

Über den Autor

„Leichtfüßig" (Berlinische Monatsschrift) sind seine Krimis, so die Kritik, und „ein mehr als schlagender Beweis, dass auch Krimis ‚made in Germany' keinen Deut weniger spannend, cool und unterhaltsam sein müssen als ihre englischen und amerikanischen Gegenstücke" (Krimi-Forum). „Perfekt und rund" sind seine spannenden Geschichten, „ohne Längen und schwermütige Philosophie, ... temporeich, unangestrengt und humorvoll", wie die hochkarätig besetzte Jury des renommierten Glauserpreises befand. Hanns Peter Karr, 1955 in Thüringen geboren, gehört zu den populärsten deutschen Krimiautoren. Er hat seine Kurzkrimis bei allen namhaften deutschen Literatur- und Krimiverlagen veröffentlicht und ist vielfach ausgezeichnet worden. H. P. Karr ist (gemeinsam mit Walter Wehner) 1988 Träger des „Walter-Serner-Preises" des SFB für seine Story „Nachtfahrt", erhält 1989 den Literaturpreis der Stadt Aachen/Walter Hasenclever-Preis für die Story „Angela, mein Engel", 1989 den Literaturpreis Ruhrgebiet für die Kriminalgeschichte „Berbersommer", 1996 für den Roman „Rattensommer" den „Glauser Autorenpreis deutsche Kriminalliteratur". 1999 belegte er – zusammen mit seiner Co-Autorin Barbara Hölscher – mit dem Roman „Doppelt gewinnt" einen der Spitzenplätze beim Krimi-Wettbewerb der Zeitschrift „MAXI".

Neben Kriminalromanen, Kurz- und Ratekrimis hat H. P. Karr zahlreiche Hörspiele geschrieben sowie ein „Lexikon der deutschen Krimi-Autoren".

Buchhinweise

Basierend auf der Lehre vom harmonischen Ausgleich der Gegensätze und vom ununterbrochenen Fluss der Naturenergie Qi verbindet die TCM – die Traditionelle Chinesische Medizin – Enspannungs-, Bewegungs- und andere Techniken (z.B. Akupunktur, Kräuterheilkunde), um den Patienten zu heilen. Das Buch klärt Grundsätze wie die wichtigen Begriffe Yin und Yang, Meridiane oder Qi und stellt die Anwendung der TCM von der Diagnose bis zur Behandlung dar.

Christine Steinbrecht-Baade
Traditionelle Chinesische Medizin
208 Seiten, Hardcover
Format 15,5 x 22,7 cm
ISBN 3-8118-1651-9

Manfred Backhaus
Erkältungen– nein danke!

Schluss mit Husten, Schnupfen, Heiserkeit

MOEWIG

Jeden Winter derselbe Stress: Die Nase läuft, der Kopf pocht, die Glieder schmerzen. Mit Medikamenten dauert die Erkältung 14 Tage, ohne zwei Wochen. Und doch ist die Wintererkältung kein unentrinnbares Schicksal. Die Naturheilkunde stellt viele Mittel bereit, mit deren Hilfe Erkältungen vorgebeugt werden kann – bis hin zum endgültigen Aus für Infektionskrankheiten! Manfred Backhaus ist ein erfolgreicher Heilpraktiker mit zahlreichen Rundfunk- und Fernsehauftritten.

Manfred Backhaus
Erkältungen – nein danke!
208 Seiten, Hardcover
Format 15,5 x 22,7 cm
ISBN 3-8118-1638-1

Endlich Nichtraucher? Endlich Nichtraucher!

„Das wird jetzt endgültig meine letzte!" Wie leicht ist das gesagt, wie schwer aber kann ein Raucher diesen Entschluss durchhalten.

Manfred Backhaus gibt in diesem Buch Tipps zur Sofortentwöhnung und für den schnellsten Weg zur letzten Zigarette. Er beschreibt verschiedene Methoden, von der Raucher-Sofortentwöhnungskur in der naturheilkundlichen Klinik bis zum „Selbstversuch" zu Hause. Tipps für die „Zeit danach" helfen Rückfälle vermeiden.

Manfred Backhaus
Nie mehr Rauchen!
208 Seiten, Hardcover
Format 15,5 x 22,7 cm
ISBN 3-8118-1581-4

Walter-Jörg Langbein
Das große Buch der
Esoterik
Geheimgesellschaften • Satanismus
Heilkunde • Magie • Wahrsagen

MOEWIG

Bibel – Atlantis – antike Geheimlehren – Templer – Rosenkreuzer –
Voodoo – Anthroposophie – Astrologie – Kartenlegen – Tarot –
Magie – I-Ging – Vampire – Alchemie – Mesmerismus ...
Dieses umfangreiche Kompendium gibt einen unterhaltsamen und
informativen Überblick über die Geschichte der Esoterik seit der
Antike, vermittelt Wissenswertes über Riten und Rituale, die Welt
der Geheimbünde sowie über östliche Gesundheitslehren.
Walter-Jörg Langbein ist einer der bekanntesten Autoren zu dem
Themenkreis geheimnisvolle Phänomene und Esoterik. Seine Bücher
sind im In- und Ausland Bestseller.

Walter-Jörg Langbein
Das große Buch der Esoterik
368 Seiten, Hardcover
Format 14,5 x 21,5 cm
ISBN 3-8118-1650-0